# Amazon Echo Dot 2019:

Das detaillierteste Handbuch für Alexa, Echo Dot Version 3 - Das neue Echo Dot - Anleitungen, Einstellung, IFTT, Skills & Lustiges - 2019

**Dies ist ein inoffizieller Ratgeber.**

# Inhaltsverzeichnis

**Amazon Echo - eine Begegnung der besonderen Art**

Schon seit geraumer Zeit dreht sich alles um intelligente und persönliche Sprachassistenten. Experten gehen davon aus, dass persönliche Sprachassistenten der nächste Schritt der digitalen Vernetzung sind, sodass Smart Home-Systeme noch besser werden können. Zudem führen die persönlichen Sprachassistenten noch näher zum „Internet der Dinge“ („Internet of Things - IOT“).

Kann man Musikanlagen, Lampen, Heizungsanlagen, Fernsehgeräte oder sonstige Geräte, die sich im Haus befinden, per Zuruf steuern? Ist es möglich, dass man sich - nur über Sprachbefehle - anstehende Termine vorlesen lassen kann, Informationen über das Wetter bekommt oder mitunter in Erfahrung bringt, wie die Verkehrslage in der nächstgelegenen Stadt ist und wie lange man vom Heimatort zur Arbeit benötigt? Kann man - nur per Sprachsteuerung - den Radio aufdrehen und sein Lieblingslied hören?

Natürlich erleichtern derartige Funktionen auch den Alltag aller Menschen mit Behinderungen. Die Smart Home-Technologie erleichtert zahlreiche Arbeitsschritte, sodass einerseits körper-, seh- oder mehrfachbehinderten Personen definitiv geholfen werden kann, wieder ein halbwegs selbständiges Leben führen zu können.

Ja - heutzutage haben derartige Geschichten nichts mehr mit den früheren Science fiction-Filmen aus den 1980er und 1990er Jahren zu tun. Heute befinden wir uns in einer Zeit, in der die damaligen Science fiction-Filme alt und rückständig wirken. Amazon hat es möglich gemacht. Amazon Echo, hier sind sich die Experten einig, führt uns in ein neues Zeitalter und bringt die Smart Home-Technologie auf eine noch höhere Ebene. Eine Ebene, die wir uns heute wohl noch gar nicht so richtig vorstellen können.

Auch wenn Amazon Echo - vor allem in Deutschland - noch relativ jung ist, so kann man bereits auf eine durchaus interessante Geschichte zurückblicken. Schlussendlich gibt es das Gerät schon seit dem 6. November 2014 - damals war Amazon Echo aber nur für die amerikanischen Prime-Mitglieder erhältlich. Seit dem 23. Juni 2015 gibt es Amazon Echo jedoch für alle amerikanischen Kunden. Die Deutschen mussten sich jedoch gedulden - Amazon Echo kam erst im Oktober 2016 auf den deutschen Markt. Die Produkte, die es heute schon in mehreren Generationen und Ausführungen gibt, begeisterten die Deutschen - und natürlich auch die restlichen Amazon-Kunden, die sich mit Smart Home-Technologien auseinandersetzten.

Bei Amazon Echo handelt es sich um einen „gewöhnlichen“ Lautsprecher, den man mit der Stimme steuern kann. Damit Amazon Echo aber auch seinen „Besitzer“ hört, verfügt das Gerät über insgesamt sieben Mikrofone - inklusive Geräuschunterdrückung, Fernfeld-Spracherkennung und Richtstrahltechnologie. Auch dann, wenn man sich auf der anderen Raumseite befindet, viele Nebengeräusche vorhanden sind oder auch dann, wenn Musik läuft, reagiert Amazon Echo auf die Befehle. Das Gerät - oder besser gesagt die Lautsprecher - hat also schon extrem gute Ohren. Selbst in der Praxis funktioniert Amazon Echo hervorragend.

Zu beachten ist, dass Amazon Echo ständig mit dem Internet verbunden sein muss, sodass die Sprachbefehle und auch Fragen direkt an die Cloud übermittelt werden können. Hier befindet sich die digitale Sprachassistentin „Alexa". „Alexa" verarbeitet die Anfragen und reagiert darauf (siehe die Kapitel „Alexa, wer bist du?" / „Die Alexa-App")

Wer Amazon Echo benutzen will, muss zu Beginn das Aktivierungswort sagen. Das lautet - das ist jetzt keine große Überraschung - „Alexa" (siehe die Kapitel „Aktivierungswort ändern" / „Amazon Echo einrichten"). Wie man weiß, dass das Gerät aktiviert wurde? Es leuchtet blau.

**Der Lieferumfang**

Amazon Echo wird in einer schwarzen Schachtel geliefert. Die Auskleidung der Schachtel ist blau. Der Lieferumfang? Amazon Echo, eine Kurzanleitung, ein Netzteil und eine Karte, die ein paar Tipps enthält, sodass Sie zu Beginn schon einmal einen Überblick erhalten, was man mit Amazon Echo so alles machen kann. So gibt es etwa den Tipp, wie man mit Amazon Echo Musik abspielen kann. „Alexa, spiele Prime Music." Zudem gibt es auch ein paar Tipps aus den unterschiedlichsten Kategorien - so etwa für Shows, Radio, Wecker, Podcasts, Timer, Einkaufen oder auch Sport (siehe die Kapitel „So können Sie Ihre Musik hören" / „Die tägliche Zusammenfassung" / „Die Verwaltung einer Liste" und dergleichen). Zu Beginn werden Sie wohl überrascht sein, dass Amazon Echo recht klein ist. In der Werbung sieht der Lautsprecher wesentlich größer aus. Der Vorteil? Der Amazon Echo kann problemlos in einem Bücherregal untergebracht werden. Das Gerät sorgt keinesfalls für ein Platzproblem.

**Das Aussehen und die Oberfläche**

Amazon Echo hat eine sehr angenehme Oberfläche, wirkt stabil und ist zudem sehr ordentlich verarbeitet. Das merken Sie auch dann, wenn Sie das Gerät in die Hand nehmen - das Gewicht, das bei rund einem Kilogramm liegt, zeigt, dass man hier viel Wert auf hochwertige Materialien gelegt hat. Auf der Geräteoberseite gibt es zwei Knöpfe - das sind die Aktionstaste und die sogenannte „Mikrofon-aus"-Taste. Des Weiteren fällt auf, dass die ersten 1,5 Zentimeter des Gehäuses beweglich sind. Das ist der sogenannte Lautstärkering. Dieser befindet sich auf der Oberseite und ist transparent.

**Der Lichtring**

Nachdem Sie Amazon Echo in Betrieb genommen haben, wissen Sie auch, wozu diese Transparenz notwendig ist. Der Ring beherbergt nämlich auch den

Lichtring, der sich in verschiedenen Farben präsentiert. Alle Farben haben eine unterschiedliche Bedeutung.

**Blaues Licht**
Das Gerät wird gerade gestartet

**Cyanblau**
Alexa verarbeitet gerade Ihre Anfrage

**Orangefarbenes Licht**
Amazon Echo verbindet sich gerade mit dem WLAN-Netzwerk

**Rotes Licht**
Die Mikrofone sind deaktiviert. Wenn Sie die Mikrofontaste drücken, werden die Lautsprecher aktiviert.

**Weißes Licht**
Die Lautstärke wird angepasst

**Violettes Licht**
Im Zuge der WLAN-Einrichtung ist es zu einem Fehler gekommen

**Die Lichter sind aus**
Das Gerät ist aktiv und wartet auf Ihre Aufforderungen
Die untere Zylinderhälfte besteht aus einem Lochblech, da sich hier die Lautsprecher befinden. Diese sorgen für den Sound des Geräts. Es handelt sich um einen Hochtonlautsprecher mit 50 mm und einem Woofer mit 63 mm. Dieser sorgt für die tiefen Basstöne.

Der Stromkabelanschluss ist hinten im Hohlraum des Echo-Fußes versteckt. Der Stecker verschwindet also zur Gänze, sodass er nicht gesehen wird. Eine kleine Aussparung, die sich im Fuß befindet, führt das Kabel.
Die Aufstellfläche ist aus einem sehr rutschfesten Gummi gefertigt. Eine sehr gute Lösung, da Sie so sicher sein können, dass das Gerät richtig stabil steht. Ein Wegrutschen ist also nicht möglich. Selbst Vibrationen, die etwa durch sehr laute Musik ausgelöst werden, sorgen für kein Verrutschen.

## Amazon Echo (2. Generation)

Natürlich gab es auch Kritik an Amazon Echo - so wurde das Gerät als plump und unelegant bezeichnet. Immer wieder wurde Amazon Echo mit dem Google Home verglichen - ein, so die Experten, „deutlich besser aussehendes Gerät". Während Amazon - so machte es zumindest den Anschein - unbeeindruckt blieb, arbeitete man im Hintergrund jedoch schon an der zweiten Amazon Echo-Generation. Das Ergebnis? Die zweite Generation sah nach Fertigstellung der Arbeiten tatsächlich besser aus - auch die Technik des integrierten Lautsprechers wurde verbessert. Amazon Echo 2 wurde zudem auch kompakter gebaut und war - verglichen mit der ersten Generation - weitaus stabiler. Zudem mussten die Verbraucher auch nicht mehr die Hüllen für den Lautsprecher extra kaufen - die gewünschte Optik konnte direkt mitbestellt werden. Hier stehen drei Farbnuancen zur Verfügung, wobei es auch zwei Holztöne gibt, die jedoch vorwiegend an einen klassischen Bodenbelag erinnern. Wem der minimalistische Look der ersten Generation gefiel, der sollte sich für den Silber-Look entscheiden, wenn man Amazon Echo 2 bestellen will.

Kommen wir zu den „inneren Werten“. Spracherkennung und Audioausgabe wurden verbessert. Nun gibt es einen 16 mm Hochtonlautsprecher und einen 63 mm Woofer - besserer Klang ist also vorprogrammiert. Zudem erzeugen die Tief- und Hochtöner einen 360 Grad-Klang, der durch das Dolby-Surround-System ergänzt wird. Insgesamt gibt es sieben Mikrofone, sodass Sprachbefehle noch besser verarbeitet werden können. Auch die Geräuschunterdrückung funktioniert nun wesentlich besser. Aufgrund der Tatsache, dass die Fernfeld-Technologie überarbeitet wurde, funktioniert auch das Aktivierungskennwort besser.

Eine Funktion, die komplett neu ist, befasst sich mit der Telefonie. Ab sofort können auch Sprachanrufe durchgeführt werden. Selbst Nachrichten kann man nun versenden. Es besteht auch die Möglichkeit, dass mit anderen Echos, die sich im selben Haushalt befinden, Audioverbindungen hergestellt werden können. Natürlich erweiterte sich die Kompatibilitätsliste des Amazon Echo - schon heute gibt es zahlreiche Systeme und Geräte, die sich mit Amazon Echo problemlos verbinden lassen können (siehe das Kapitel „Amazon Echo einrichten“). Folgende Geräte sind mit Amazon Echo kompatibel:

IKEA TRADFRI
Neato Botvac Connected
OSRAM LIGHTIFY
Fire TV Stick
Magenta SmartHome
Homematic IP
Philips Hue

**Die Vorteile im Überblick**

Es gibt neue Hüllen, die für einen weitaus angenehmeren Look sorgen. Sie können Nachrichten versenden und Anrufe tätigen.
Amazon Echo 2 überzeugt mit einem verbesserten Sound und richtig gelungener Dolby-Technologie.
Die Spracherkennung wurde verbessert.

**Technische Details**

Maße: 148,5 mm x 88 mm x 88 mm
Gewicht: 820 Gramm

WLAN: 802.11 a/b/g/n
Bluetooth: Advanced Audio Distribution Profile (A2DP) für Audiostreaming von Mobilgeräten auf Echo oder von Echo auf Bluetooth-Lautsprecher, Audio/Video Remote Control Profile (AVRCP) zur Sprachsteuerung von verbundenen Mobilgeräten, keine hands-free-Sprachsteuerung auf Mac OS X-Geräten, keine Bluetooth-Lautsprecher mit PIN-Eingabe
Audio: 63 mm Woofer, 16 mm Hochtonlautsprecher
Fernfeld-Spracherkennung, Richtstrahltechnologie, deutlich verbesserte Geräuschunterdrückung

Die **Herstellergarantie** beläuft sich auf **ein Jahr**

**Ausführungen**: Anthrazit, Hellgrau, Sandstein, Silber-Optik, Eiche-Optik, Nuss-Optik,

**Lieferumfang**: Echo, gewünschte Echo-Hülle, Netzteil/Kabel (1,8 m), Karte „Zum Ausprobieren“, eine Kurzanleitung

**Amazon Echo Plus**

Bei Echo Plus handelt es sich ebenfalls um ein sprachgesteuertes Gerät, das jedoch über eine deutlich verbesserte Fernfeld-Spracherkennung verfügt. Des Weiteren verfügt das Gerät auch über einen integrierten Smart Home-Hub. So kann das Gerät noch einfacher mit Smart Home-Geräten verbunden werden. In Verbindung mit Alexa kann Echo Plus Musik abspielen, zeigt Sportereignisse, Informationen und auch das Wetter an.

**Optische Veränderungen zu Amazon Echo**

Vergleicht man die Lautsprecher des Echo Plus mit dem Amazon Echo der ersten Generation, so werden Sie kaum eine optische Veränderung erkennen können. Vor allem sind die Gehäusedimensionen fast identisch (235 mm x 84 mm x 84 mm). Jedoch ist Echo Plus eine Spur leichter, sodass das Gerät nur noch 960 Gramm wiegt - die erste Generation wiegt mehr als 1.000 Gramm (1.064 Gramm). Neu ist hingegen die dritte Farboption - so müssen Sie sich nicht mehr zwischen dem weißen und dem schwarzen Gehäuse entscheiden; nun steht auch ein silbernes Gehäuse zur Verfügung. Die Verarbeitungsqualität fällt bescheiden aus. Auch wenn das Gerät solide aussieht und zudem auch sicher auf dem gummierten Gummifuß steht, so vermittelt die matte Oberflächenflächenbeschaffenheit kaum Hochwertigkeit. Problematisch ist vor allem das schwarze Modell - gewöhnen Sie sich hier schon einmal an kaum wegzubringende Fingerabdrücke.

Blicken Sie von oben auf Echo Plus, so werden Sie ebenfalls kaum Veränderungen zur ersten Generation feststellen können. Hier gibt es zwei Knöpfe - der eine Knopf aktiviert die Sprachassistentin Alexa, der andere Knopf schaltet das Gerät stumm. Der obere Bereich wird - wie die erste

Generation - von einem Lichtring umrandet. Die farbigen LEDs verraten Informationen über den Betriebszustand des Geräts und geben auch einen Hinweis über die Lautstärke.

**Spracherkennung und Klangqualität**

In der Praxis werden Sie schnell bemerken, dass es kaum Veränderungen gibt. Auch wenn Echo Plus durchaus als Lautsprecher für Hintergrundbeschallung oder Küchenradio in Aktion treten kann, so ist er keinesfalls Personen zu empfehlen, die Musik auf höherem Niveau hören möchten. Andererseits muss man sich auch ehrlicherweise die Frage stellen, ob Amazon Echo auch derartige Funktionen benötigt. Schlussendlich wirbt Amazon auch nicht mit der Tatsache, dass es sich bei Amazon Echo um eine hochwertige Musikanlage handelt. Es geht noch immer um die Perfektion der Smart Home-Technologie.

Im Mittelpunkt steht natürlich die Spracherkennung und hier gab es doch nennenswerte Verbesserungen. Sie werden feststellen, dass Sie von Alexa noch besser verstanden werden. Hier überzeugt Echo Plus zu 100 Prozent.

**Smart Home**

Das Kerngeschäft ist natürlich Smart Home. Auch wenn es kaum Veränderungen gab, so werden Sie wohl das Gefühl nicht los, dass die Abläufe nun eindeutig schneller und präziser erfolgen. Wer auf intelligente Stecker und Leuchten setzt, der wird mit Echo Plus definitiv viel Spaß haben.

**Echo Show**

Seit Mai 2017 gibt es Echo Show bereits in den Vereinigten Staaten von Amerika; seit November 2017 ist das Produkt auch endlich in Deutschland erhältlich. Die Frage aller Fragen - was ist Echo Show überhaupt?

Echo Show ist eine Mischung aus einem großen Amazon Echo-Gerät und einem Tablet. So werden zahlreiche Funktionen vereint, die bislang auf den unterschiedlichen Alexa-Geräten genutzt werden konnten. Das heißt, Echo Show reagiert auf Sprachbefehle und reagiert in weiterer Folge wie Echo Dot, Amazon Echo (2. Generation), Echo Plus und der Fire TV. Dabei gliedern sich die Kommandos in diverse Kategorien: Sie können Informationen abfragen (Verkehr auf Ihrer Pendelstrecke, Wetter, Erinnerungen oder auch Termine) oder Musikdienste nutzen (Amazon Music, Spotify). Selbstverständlich stehen auch die Skills (siehe das Kapitel „Was sind Amazon Echo-Skills?“) zur Verfügung. Doch der Echo Show reagiert nicht nur auf die klassischen Sprachbefehle, sondern besticht auch durch ein Display. Das Display ist 7 Zoll groß (17,8 Zentimeter) und eignet sich hervorragend, um im Bad oder auch in der Küche ein YouTube-Video anzusehen. Natürlich - aufgrund der Displaygröße sind Samstagabend-Filme nicht empfehlenswert. Doch diese Absicht verfolgte Amazon auch gar nicht; der Echo Show soll kein Fernsehgerät ersetzen, sondern in erster Linie ein Begleiter sein, über den sehr wohl Videos angesehen werden können.

### Neue Funktionen

Echo Show kann auch problemlos als Babyphone oder Video-Messenger verwendet werden. Schlussendlich ist die sogenannte „Drop in"-Funktion nichts anderes als ein Videoanruf, wobei die Gegenstelle nicht aktiv abheben muss, um antworten zu können. Die Funktion wurde von Amazon jedoch im Zuge der Standardausführung deaktiviert. Jedoch können Sie die Funktion aktivieren. Senden Sie mit Echo Show auch FaceTime- oder Skype-Anrufe ab. Die Gegenstelle benötigt auch kein Amazon Echo-Gerät. Auch die „Alexa"-App für Android und iOS unterstützt die Sprach- und Videoanrufe. Bemerkenswert ist die Bildqualität. Auch Verzögerungen fallen kaum auf. Amazon hat sich mit dem Echo Show wohl selbst übertroffen und ein Gerät geschaffen, das als ideale Ergänzung zu den bestehenden Echo-Geräten genutzt werden kann.

### Das Highlight? Die Bildwiedergabe

Der große Pluspunkt? Amazon Echo Show kann, aufgrund des Displays, auch Bildinhalte wiedergeben. So etwa die Nachrichten der Tagesschau. Über Prime Photos können Sie auch Fotoalben in Ihre Amazon-Cloud hochladen; das Album kann dann - natürlich per Sprachbefehl - aufgerufen werden. Auch Wettervorhersagen, Musiktexte, To-Do- und Einkaufslisten können problemlos angezeigt werden.

### Ein Amazon-Meisterwerk

Haben Sie ein Echo Show-Gerät gekauft, so werden Sie sich wohl zunächst die Frage stellen, wo Sie das Gerät hinstellen sollen. Interessanterweise eignet sich hier die Küche - wohl auch, weil Sie hier wohl beide Hände benutzen müssen, sodass das Gerät nur dann eine Hilfe ist, wenn es auch per Sprachbefehl verwendet werden kann. Auf Wunsch kann Echo Show natürlich auch ein paar Rezepte vorlesen. Musik? Ebenfalls möglich. Wer sich für Amazon Echo Show entscheidet, dem wird in der Küche mit Sicherheit nicht mehr langweilig. Von Vorteil ist, dass Amazon Echo Show über Dolby-Lautsprecher verfügt; zudem ist die Fernfeld-Sprachtechnologie der Amazon Echo (2. Generation) enthalten - inklusive Richtstrahltechnologie und Geräuscheunterdrückung, damit Sie von Alexa noch besser verstanden werden. Das ist auch der Grund, warum Sie Alexa überall im Raum hören wird und in weiterer Folge Ihre Befehle ausführen kann. Auch dann, wenn der Dunstabzug auf der höchsten Stufe arbeitet.

### Amazon Echo Dot

Amazon Echo Dot ist so etwas wie das Anfängergerät für all jene, die zwar gerne ein Amazon Echo-Gerät hätten, jedoch noch unsicher sind, ob sie es tatsächlich benötigen. Mit dem Amazon Echo Dot können Sie Kontakt mit der digitalen Sprachassistentin Alexa aufnehmen oder auch Skills runterladen und installieren; diverse Features, die etwa die anderen Amazon Echo-Geräte mit sich bringen, gibt es jedoch nicht.

### Echo Connect

Bei Echo Connect handelt es sich um den ersten smarten Lautsprecher, der ab dem Jahr 2018 in ein Festnetztelefon verwandelt werden kann.

Echo Connect kann als Zubehör für die Amazon Echo-Geräte angesehen werden. Durch Echo Connect werden alle Alexa-Produkte, die sich in Ihrem Haushalt befinden, zu einem hochwertigen Telefon.

### Echo Buttons

Mit den Echo Buttons sollen künftig Geschicklichkeits- und Ratespiele möglich werden. Schon im Laufe des Jahres wurden die Buzzer für die Echo-Lautsprecher vorgestellt. Schon zu Weihnachten sollen die ersten „Echo Buttons“ auf den Markt kommen, die für diverse Spiele genutzt werden können.

Die Buttons werden mittels Bluetooth mit den jeweiligen Echo-Lautsprechern verbunden und besitzen einen Akku, sodass Sie diese auch ohne Stromkabel verwenden können. Wichtig ist, dass sich die Buttons innerhalb der Bluetooth-Reichweite befinden.

Die Steuerung erfolgt, wie das eben bei Alexa-Geräten üblich ist, natürlich per Sprachbefehl. Die neuen „Echo Buttons“ gibt es ab Weihnachten und sollen, so das Online-Versandhaus Amazon, „unterhaltsame und auch spielerische Erlebnisse mit der Sprachassistentin Alexa ermöglichen“. Das klingt - zumindest auf den ersten Blick - vielversprechend. Per Knopfdruck können Sie dann interaktive Multiplayer-Games - wie etwa „Beat the Intro“ - spielen.

## Die Unterschiede im Detail

### Amazon Echo vs. Amazon Dot

Der wohl auffälligste Unterschied zwischen dem Amazon Echo und dem Amazon Echo Dot? Der Preis. Der Echo Dot ist weitaus günstiger als der Amazon Echo. Doch gibt es einen qualitativen Unterschied? Nicht ganz.

Im großen Amazon Echo gibt es einen 50 mm Hochtonlautsprecher und einen 63 mm Woofer - im Echo Dot gibt es das nicht; hier wurde nur ein kleiner Lautsprecher eingebaut.

Jedoch heißt das nicht, dass man auf eine gute Klangqualität verzichten muss - der Echo Dot kann nämlich mit anderen Lautsprechern verbunden werden. Genau deswegen gibt es den 3,5 mm Stereoaudioausgang.

**Amazon Echo vs. Amazon Echo Show**

Hier gibt es natürlich die größten Unterschiede, die in folgender Tabelle gegenübergestellt werden:

| | **Amazon Echo** | **Amazon Echo Show** |
|---|---|---|
| WLAN: | 802.11a/b/g/n Dual-Band (2.4 GHz und 5 GHz) | 802.11a/b/g/n Dual-Band (2.4 GHz und 5 GHz) |
| Alexa-Aktivierung | Aktivierungswort, Aktions-Taste | Aktivierungwort |
| Lautsprecher | Mono | Stereo |
| Dolby Audio | Nein | Ja |
| Lichter und Buttons | Lichtring<br>Stummschalt-Button<br>Aktions-Taste | Mikron-/Kamera-Taste<br>LED<br>Lautstärke-Regler |
| Bluetooth | Ja | Ja |
| AUX | Ja | Ja |
| Sprachfernb. | Ja | Ja |
| Zubehör | Sprachfernbedienun g (separat erhältlich) | Sprachfernbedienung (separat erhältlich) |
| „Alexa"-App | Ja | Ja |
| Multiroom-Musik | Ja | Ja |
| Video-Bildschirm | Nein | Ja (7 Zoll Touch-Display) |

Der Gesamtüberblick

| | Echo Dot | Amazon Echo | Echo Plus | Echo Show |
|---|---|---|---|---|
| Lautsprecher | 15 mm Lautspre cher | 63 mm Woofer und 16 mm Lautsprecher | 63 mm Woofer und 20 mm Lautsprecher | Duale 55 mm Stereolaut-sprecher |

| | | | | |
|---|---|---|---|---|
| Abmessungen | 32 x 84 x 84 mm | 148 x 88 x 88 mm | 235 x 84 x 84 mm | 187 x 187 x 90 mm |
| Gewicht | 163 Gramm | 821 Gramm | 954 Gramm | 1170 Gramm |
| Displaygröße | - | - | - | 7 Zoll (17,7 cm) |
| Raumfüllender Sound | Ja | Ja | Ja | Ja |
| Musik streamen | Ja | Ja | Ja | Ja |
| 3,5 mm Audioausgang | Ja | Ja | Ja | Nur per Bluetooth |
| Sprachanrufe möglich | Ja | Ja | Ja | Ja |
| Videoanrufe möglich | - | - | - | Ja |
| Kompatibel mit Smart Home-Geräten | Ja | Ja | Ja | Ja |
| Integrierter Hub | - | - | Ja | - |

**„Alexa, wer bist du?“**
Der Vorteil von Amazon Echo? Selbst Anfänger, die noch nie etwas mit diesem Gerät zu tun hatten, werden vor keine größeren Herausforderungen gestellt, wenn sie Amazon Echo einrichten wollen (siehe die Kapitel „Amazon Echo einrichten“ / „Alexa kann man beliebig viele Fragen stellen“). Amazon Echo wird mit dem Stromkabel an die Stromquelle angeschlossen - danach beginnt sich der blaue Lichtring (siehe das Kapitel „Amazon Echo - eine Begegnung der besonderen Art - Lichtring“ zu drehen. Dieser Vorgang dauert in etwa eine Minute. In weiterer Folge wechselt der Lichtring die Farbe - das orange Licht zeigt, dass Amazon Echo nun einsatzbereit ist. Nun wird die kostenlose „Alexa“-App installiert (siehe das Kapitel „Die „Alexa“-App“). Die App finden Sie im Apple App Store, im Google Play Store oder auch im Amazon App-Shop. Die App kann auch direkt unter https://alexa.amazon.de runtergeladen werden.

**Anwendungsberechtigungen**:
Hinweis: Die folgende Liste der Anwendungsberichtigungen stammt von der Seite www.amazon.de und wurde 1 zu 1 übernommen:

| |
|---|
| Die Kontaktdaten des Benutzers lesen |
| Auf die Liste der Konten im Konten-Service zugreifen |
| Als AccountAuthenticator für den Konto-Manager agieren |
| INTERACT_ACROSS_USERS |
| Bluetooth-Geräten entdecken und koppeln |
| Fenster mit dem Typ TYPE_SYSTEM_ALERT öffnen, der über allen anderen Anwendungen gezeigt wird |
| Verständigt werden, dass das Betriebssystem den Bootvorgang abgeschlossen hat |
| Zu externem Speicher schreiben |
| Auf groben Standort (z. B. Zellen-ID, Wi-Fi) zugreifen |
| Auf Informationen über Netzwerke zugreifen |
| PowerManager WakeLocks, um zu verhindern, dass der Prozessor in den Ruhezustand übergeht oder der Bildschirm dunkel wird |
| Auf Informationen über Wi-Fi-Netzwerke zugreifen |
| Die Liste der Konten im Konto-Manager ändern |
| Ermöglicht einer App, Nachrichten über Google Cloud Messaging zu erhalten |

| |
|---|
| Die Tastensperre deaktivieren |
| Auf die Vibrationsfunktion zugreifen |
| Audio aufnehmen |
| Low-Level-Zugriff auf Power-Management erreichen |
| Wi-Fi-Konnektivitäts-Zustand ändern |
| Netzwerk-Sockets öffnen |
| Authtokens vom Konto-Manager anfordern |
| Informationen über die aktuell oder kürzlich ausgeführten Aufgaben erhalten: eine Miniaturbild-Darstellung der Aufgaben, welche Aktivitäten darin ausgeführt werden usw. |
| Erforderlich, um auf das Kamera-Gerät zugreifen zu können |
| Globale Audio-Einstellungen ändern |
| Verbinden mit gekoppelten Bluetooth-Geräten |
| Von externem Speicher lesen |
| Nur-Lesen-Zugriff auf Telefonstatus |

**Systemvoraussetzungen:**

Android 4.4 (oder höher)
iOS 8.0 (oder höher)
Fire OS 3.0 (oder höher)

Nachdem Sie die App heruntergeladen und installiert haben, beginnt die automatische Einrichtung (siehe das Kapitel „Die „Alexa“-App“). Startet die automatische Einstellung nicht, kann diese per Hand gestartet werden. Für den manuellen Start müssen Sie unter den Punkt „Einstellungen - Neues Gerät einrichten“ gehen und den Einrichtungsprozess aktivieren. Während der Einrichtung wird sich Amazon Echo mit dem Internet verbinden. Das heißt, dass Sie Ihre Zugangsdaten für das WLAN-Netzwerk benötigen.

Hat sich Amazon Echo mit dem WLAN verbunden (siehe das Kapitel „Amazon Echo einrichten“), so ist das Gerät sofort einsatzbereit. Die Vorbereitungen sind abgeschlossen - Amazon Echo kann bereits genutzt werden.

Zuvor kann man noch ein paar Einstellungen vornehmen. So können Sie den Google Kalender mit Echo verknüpfen (siehe das Kapitel „Die Verwaltung einer Liste“), den Standort hinterlegen (siehe das Kapitel „Der Gerätestandort“) oder noch ein paar andere Einstellungen vornehmen. So gibt es den Punkt „Tägliche Zusammenfassung“ (siehe das Kapitel „Die tägliche Zusammenfassung“) - hier kann man sich die aktuellen Nachrichten von „Spiegel Online“, der „Tagesschau“ oder auch vom „Deutschlandfunk“ vorlesen lassen.

Wurde Amazon Echo eingerichtet, so ist nur noch die Frage zu beantworten, wo das Gerät stehen soll. Wichtig ist, dass sich das Gerät an einem zentralen Ort befindet und zudem auch mindestens 20 Zentimeter von der Wand entfernt steht. Ob Küche, Vorraum, Wohnzimmer oder Schlafzimmer - der Ort spielt (fast) keine Rolle.

**Was mache ich mit Amazon Echo und warum dreht sich alles um Alexa?**

Natürlich stellen sich viele Menschen die Frage, was man mit dem Gerät überhaupt alles machen kann. Eine Frage, die durchaus ihre Berechtigung hat.

**Man kann Alexa Fragen stellen**

Eine Möglichkeit wäre es, Alexa eine Frage zu stellen, die in weiterer Folge auch beantwortet wird. Hier werden der eigenen Fantasie keine Grenzen gesetzt.

„Alexa, was ist die Hauptstadt von Österreich?“
„Alexa, wann haben die Beatles ihre erste CD veröffentlicht?“
„Alexa, wer ist der Sänger von AC/DC?“
„Alexa, wie viel Grad hat es gerade in Buenos Aires?“
„Alexa, wie spät ist es in New York?“
„Alexa, wer ist der Präsident der Vereinigten Staaten von Amerika?“
„Alexa, wie weit ist es nach Frankfurt?“
„Alexa, wann wird heute die Sonne untergehen?“
„Alexa, wie lange brauche ich nach München?“
„Alexa, wer hat gestern das Spiel Deutschland gegen England gewonnen?“

## Die Überprüfung des Kalenders

Natürlich kann man Alexa auch nach bevorstehenden Terminen fragen. Wurde der Kalender mit Amazon Echo verknüpft (siehe das Kapitel „Die Verwaltung einer Liste"), so sind folgende Fragen möglich:

„Alexa, welche Einträge stehen für heute in meinem Kalender?"

„Alexa, wann ist mein nächster Termin?"

„Alexa, welche Termine sind am 4. Februar 2018 eingetragen?"

„Alexa, habe ich am 2. März 2018 Zeit"?

Doch Alexa liest nicht nur Termine vor, sondern trägt auch Termine ein.

„Alexa, füge dem Kalender einen Termin hinzu"

In weiterer Folge wird Ihnen Alexa ein paar relevante Fragen stellen. So etwa, an welchem Tag und zu welcher Uhrzeit der Termin stattfinden wird. Natürlich muss man keine Unterhaltung starten, sondern kann auch alle relevanten Details im Vorfeld mitteilen.

„Alexa, füge dem Kalender ‚Treffen mit Sabine' am Sonntag, den 12. Dezember, 19 Uhr, hinzu"

## Die Steuerung der Musikwiedergabe

Hören Sie über Amazon Echo Musik (siehe das Kapitel „So können Sie Ihre Musik anhören"), dann können Sie die Musikwiedergabe auch mit Ihrer Stimme steuern.
„Alexa, mach die Musik lauter"

„Alexa, mach die Musik leiser"

„Alexa, welches Lied läuft gerade?"

„Alexa, Laustärke auf 5"

„Alexa, wie heißt die Band?"

„Alexa, Ton aus"

Weitere Befehle, die Alexa sehr wohl versteht, sind „Pause", „nächstes Lied", oder auch „Lied fortsetzen" (siehe das Kapitel Die „Alexa"-App").

## Die Steuerung der Smart Home-Geräte

Sie können auch ihre Smart Home-Geräte mit Alexa steuern (siehe das Kapitel „Smart Home-Geräte mit Alexa steuern"), sofern Sie im Vorfeld die dafür erforderlichen Skills (siehe das Kapitel „Skills aktivieren") in der App ausgewählt haben. Wurden die Skills aktiviert, so können Sie etwa folgende Befehle geben:

„Alexa, schalte das Licht im Wohnzimmer ein"
„Alexa, schalte das Licht im Schlafzimmer aus"
„Alexa, dimme das Licht im Vorraum auf 30 Prozent"
„Alexa, schalte die Kaffeemaschine ein"
„Alexa, stelle die Haustemperatur auf 22 Grad"

**Auch Verkehrsinformationen können abgerufen werden**

Haben Sie in der App den Startpunkt (Ihr Zuhause) und Ihr Ziel (etwa den Arbeitsort) hinterlegt (siehe das Kapitel „Der Gerätestandort"), so können Sie Alexa auch nach den aktuellen Verkehrsinformationen fragen, die im Zusammenhang mit dieser Strecke stehen.

„Alexa, wie lange brauche ich mit dem Auto zu meiner Arbeit?"
„Alexa, wie ist der aktuelle Verkehr?"
„Alexa, wie ist die Verkehrslage?"
„Alexa, gibt es einen Stau?"

**Wie wird das Wetter?**
Sie können Alexa aber auch nach dem Wetter fragen. Um diese Funktion zu nutzen, müssen Sie in der App Ihren Standort hinterlegen (siehe das Kapitel „Der Gerätestandort").

„Alexa, wie wird das Wetter am Wochenende?"
„Alexa, regnet es morgen?"
„Alexa, wie ist das Wetter in Wien?"
„Alexa, wird es zu Weihnachten schneien?"
„Alexa, kann es morgen stürmisch werden?"
„Alexa, wie viel Grad hat es heute?"

**Auch Sportergebnisse können abgefragt werden**

Innerhalb Deutschlands unterstützt die Sprachassistentin Alexa die Deutsche Fußball-Bundesliga. Das heißt, dass Sie hier sehr wohl nachfragen können, wie Ihr Lieblingsverein gespielt hat.

„Alexa, wie hat Borussia Dortmund heute gespielt?"
„Alexa, gegen wen spielt Borussia Dortmund nächstes Wochenende?"
„Alexa, wer hat die Tore bei Borussia Dortmund gegen Bayern München geschossen?"

**Die Verwaltung der Einkaufslisten**
Alexa kann auch eine To-Do-Liste oder Einkaufsliste verwalten (siehe das Kapitel „Die Verwaltung einer Liste").

„Alexa, füge Brot zu der Einkaufsliste hinzu"
„Alexa, was steht auf der Einkaufsliste?"
„Alexa, füge ‚Wäsche waschen' auf meine To-Do-Liste hinzu"

**Lust auf ein Hörbuch?**

Amazon Echo ermöglicht das Hören diverser Hörbücher von „Kindle Unlimited" oder „Audible". Sagen Sie Alexa einfach, welches Buch Sie hören wollen. Zudem gibt es auch einen Timer, sodass das Hörbuch - etwa nach 20 Minuten - automatisch beendet wird (siehe die Kapitel „So können Sie Ihre Musik anhören" - „Hörbücher über Amazon Echo anhören").

**Amazon Prime Music**
Selbstverständlich haben Sie auch einen Zugriff auf „Prime Music" und andere Streaming-Dienste (siehe das Kapitel „So können Sie Ihre Musik anhören").

„Alexa, spiele ‚Back in black' von ‚AC/DC'"
„Alexa, spiele meine ‚Rock-Playlist'"
„Alexa, spiele alle Songs von ‚Bon Jovi'"

**Playlisten und Radio**

Amazon Echo unterstützt auch eigene Playlists von „Spotify" und die Radio App „TuneIn". Folgende Dienste können folgendermaßen in Anspruch genommen werden:

„Alexa, spiele ‚HR3' auf ‚TuneIn'"
„Alexa, spiele Hardrock von Spotify"

**Mit Amazon Echo Bestellungen über Amazon aufgeben**

Sind Sie Amazon Prime-Mitglied, dann können Sie auch diverse Prime-Produkte bestellen.

„Alexa, bestelle [Produktname]"
„Alexa, füge Staubsaugerbeutel in meinen Warenkorb hinzu"
„Alexa, verfolge meine letzte Bestellung"

**Timer und Wecker verwenden**

Mit Alexa kann man mehrere Timer und auch Wecker verwalten, die ebenfalls per Sprachsteuerung aktiviert bzw. deaktiviert werden können (siehe das Kapitel „Timer und Wecker").

„Alexa, wecke mich um 7 Uhr morgens"
„Alexa, stelle den Wecker auf 9:30 Uhr"
„Alexa, stelle den Timer auf 5 Minuten"
„Alexa, stelle den Wochenendwecker auf 9 Uhr"
„Alexa, wie spät ist es?"
„Alexa, welches Datum haben wir heute?"
„Alexa, für welche Uhrzeit habe ich den Wecker gestellt?"

**Der Klang - überzeugt Amazon Echo?**

Aufgrund der Tatsache, dass man sich mit Alexa unterhalten kann und zudem auch in der Lage ist, Alexa aufzufordern, die Lieblingsnummern der Lieblingsbands abzuspielen, ist natürlich auch der Klang entscheidend. Anspruchsvolle Musikliebhaber, die daheim eine riesige Anlage stehen haben, werden sich keine Wunder erwarten dürfen. Auch wenn Amazon Echo größer als erwartet ist, so sind die Lautsprecher - verglichen mit richtig starken Systemen - doch recht klein. Vor allem sind es Mono-Lautsprecher. Gibt es auf der Welt einen Musikliebhaber, der seine Lieblingsnummern in Mono hört? Wahrscheinlich nicht.

Wer keine großen Erwartungen hat und kritisch an die Sache rangeht, der wird definitiv überrascht sein. Die Sprachausgabe ist extrem gut, sehr klar - der Sound ist richtig kräftig und zudem voll. Sie werden feststellen, dass man Alexa, aufgrund des angenehmen Klangs, sehr gerne zuhören wird.

Die Musikwiedergabe ist - wie bereits erwähnt - jedoch Geschmacksache. Amazon Echo kann hier sehr wohl mit einem klassischen Internetradio verglichen werden. Berücksichtigt man die Größe des Lautsprechers, so ist der Sound jedoch sehr gut.

**In Verbindung mit dem Fire TV Stick**

Besitzen Sie einen Amazon Fire TV Stick (siehe das Kapitel „Fire TV"), so können Sie diesen ebenfalls per Sprachsteuerung bedienen. Doch ganz ohne körperliche Akzente geht es nicht - die Fernbedienung muss in der Hand und die sogenannte Mikrofon-Taste gedrückt werden.

**Häufige Fragen - ein Antwortkatalog**

Geht es um Amazon Echo, so wird man oft dieselben Fragen hören - zahlreiche Kunden haben zwar schon Informationen eingeholt und sind wirklich interessiert, sind aber noch nicht zu 100 Prozent sicher, warum sie sich für Amazon Echo und die digitale Sprachassistentin Alexa entscheiden sollten. Folgende Fragen (und Antworten) sollen Ihnen einen kurzen Überblick geben, was Sie mit Alexa machen können - der Antwortkatalog ist auch zugleich eine Kurzzusammenfassung des Kapitels „Alexa - wer bist Du?"

Spielt Amazon Echo auch die Hörbücher von „Audible“ ab?
Ja. Hörbücher können von „Audible“ abgespielt werden (siehe die Kapitel „So können Sie Ihre Musik anhören“ - „Hörbücher über Amazon Echo anhören“ - „Mit Alexa Kindle eBooks lesen“).

Besitzt Amazon Echo eine Weckfunktion?
Ja. Es gibt einen Wecker und einen Timer (siehe das Kapitel „Timer und Wecker“).

Verfügt Amazon Echo auch über einen eingebauten Akku, sodass man das Gerät auch unterwegs verwenden kann?
Nein. Amazon Echo hat keinen eingebauten Akku. Das Gerät kann unterwegs somit nicht benutzt werden.
Kann man mit Amazon Echo auch Radio hören?
Ja. Die App „TuneIn“ beinhaltet mehr als 100.000 Sender (siehe das Kapitel „So können Sie Ihre Musik anhören“).

Kann das Aktivierungskennwort umprogrammiert werden?
Ja. Es stehen die Aktivierungskennwörter „Alexa“, „Amazon“ und „Echo“ zur Verfügung. Das Aktivierungskennwort kann in den Einstellungen geändert werden (siehe das Kapitel „Aktivierungswort ändern“)

Können mehrere Echo-Geräte im selben Raum sein und genutzt werden?
Gibt es mehr als ein Gerät, so reagiert Alexa durch ESP von jenem Gerät, das dem Sprecher am nächsten ist. ESP funktioniert dann besonders gut, wenn sich die Geräte 6 Meter voneinander entfernt befinden (siehe das Kapitel „Alexa geräteübergreifend nutzen“)

Reagiert Alexa nur auf eine Stimme oder kann jede Person Anfragen stellen?
Die digitale Sprachassistentin reagiert auf jede Sprache. Es spielt also keine Rolle, wer mit Alexa Kontakt aufnimmt. Das heißt, dass jede Person, die sich im Raum befindet, Befehle erteilen kann (siehe das Kapitel „Alexa kann man beliebig viele Fragen stellen“).

Kann Amazon Echo auch mittels Ethernet-Kabel angeschlossen werden?
Nein. Es gibt keinen Ethernet-Anschluss. Um Amazon Echo verwenden zu können, benötigen Sie eine WLAN-Verbindung.

Kann man die Mikrofone auch ganz ausschalten?
Ja. Auf der Geräteoberseite gibt es die Mikrofontaste. Drücken Sie diese Taste, so schalten sich in weiterer Folge die Mikrofone ab.

Gibt es eine Bluetooth-Funktion?
Ja. Bluetooth wird ebenfalls per Sprachbefehl aktiviert. Über Bluetooth können Sie Musik vom Tablet oder Smartphone auf Amazon Echo streamen (siehe das Kapitel „Amazon Echo einrichten“).

Benötige ich ein Amazon-Abo (etwa Prime?)
Nein. Sie benötigen nur Amazon Echo und eine WLAN-Verbindung.

Lernt Alexa hinzu?
Ja. Die digitale Sprachassistentin lernt einerseits durch die Kommunikation mit den Mitmenschen, andererseits arbeiten die Entwickler immer wieder an der App, sodass es zu ständigen Verbesserungen kommt.

**Technische Details**

| |
|---|
| Maße: 235 x 83,5 x 83,5 mm |
| Gewicht: 1064 Gramm |
| WLAN-Verbindung: Dualband-WLAN mit zwei Antennen (MIMO) über das schneller gestreamt werden kann und mit dem seltener Verbindungen abbrechen als mit herkömmlichem WLAN. Unterstützt WLAN-Netzwerke mit den Standards 802.11a/b/g/n. Unterstützt nicht die Verbindung zu ad-hoc- oder Peer-to-Peer-WLAN-Netzwerken |
| Bluetoothverbindung: Unterstützt Advanced Audio Distribution Profile (A2DP) für Audiostreaming von Mobilgeräten auf Amazon Echo und Audio/Video Remote Control Profile (AVRCP) zur Sprachsteuerung von verbundenen Mobilgeräten. Sprachsteuerung wird nicht auf Mac OS X-Geräten unterstützt |
| Audio: 63 mm Woofer und 50 mm Hochtonlautsprecher |
| Systemanforderungen: Amazon Echo muss nur mit Ihrem WLAN verbunden werden. Die Alexa App ist kompatibel mit Fire OS-, Android- und iOS-Geräten und über Ihren Desktopbrowser zugänglich. Bestimmte Skills und Dienste unterliegen Änderungen, sind möglicherweise nicht außerhalb Deutschlands verfügbar oder erfordern ein zusätzliches Abonnement oder Gebühren |
| Gewährleistung und Service: Amazon Echo wird mit einer beschränkten einjährigen Herstellergarantie verkauft. Diese besteht zusätzlich zu allen jeweils anwendbaren gesetzlichen Gewährleistungsansprüchen für Verbrauchsgüter und beeinträchtig diese in keiner Weise. Das bedeutet, dass Ihnen auch nach Ablauf der beschränkten Herstellergarantie immer noch gesetzliche Ansprüche zustehen können (Details finden Sie unter www.amazon.com/devicesupport) |

Im Lieferumfang enthalten: Amazon Echo, Netzteil/Kabel (1,8 m) und Kurzanleitung.

**Was sind Amazon Echo-Skills?**

Amazon Echo-Skills sind definitiv der Pluspunkt des Amazon Echo. Dabei handelt es sich um sprachgesteuerte Fähigkeiten, sodass Sie Alexa extrem erweitern können. Die Skills finden Sie in der App (Skills-Menü) oder auch direkt auf Amazon.de.

Musik-Skills

| Skill | Befehl |
|---|---|
| radio.de | „Alexa, starte radio.de“ |
| Weihnachtsradio | „Alexa, öffne das Weihnachtsradio“ |
| Entspannende Geräusche: Lagerfeuer | „Alexa, starte das magische Lagerfeuer“ |
| laut.fm | „Alexa, spiele Rockhits von laut.fm“ |
| Radioplayer | „Alexa, starte den Radioplayer und spiele 104.6“ |
| Antenne Bayern | „Alexa, starte Antenne Bayern“ |

Smart Home

| Skill | Befehl |
|---|---|
| IKEA TRADFRI | „Alexa, mache das Licht im Wohnzimmer heller“ |
| ioBroker Smart-Home | „Alexa, drehe das Licht im Wohnzimmer ab“ |
| HConnect | „Alexa, schalte das Licht im Schlafzimmer ein“ |
| WisQo | „Alexa, schalte die Wohnzimmerlampe ein“ |
| CloudMatic | „Alexa, drehe das Schreibtischlicht auf“ |

Alltagsproduktivität

| Skill | Befehl |
|---|---|
| Gehirnjogging | „Alexa, starte Gehirnjogging“ |
| BVG, Weil wir dich lieben | „Alexa, frage BVG, wie ich zum Marienplatz komme“ |
| mytaxi | „Alexa, rufe ein Taxi über mytaxi“ |
| Deutsche Bahn | „Alexa, starte Deutsche Bahn“ |
| Verkaufsoffene Sonntage | „Alexa, öffne verkaufsoffene Sonntage“ |

Nachrichten

| Skill | Befehl |
|---|---|
| Tagesschau in 100 Sekunden | „Alexa, öffne Tagesschau in 100 Sekunden“ |
| Sportschau | „Alexa, öffne Sportschau“ |
| Bild | „Alexa, öffne Bild“ |
| GIGA TECH | „Alexa, sag mir die News“ |

Entertainment

| Skill | Befehl |
|---|---|
| Chefkoch | „Alexa, frage den Chefkoch nach dem Rezept des Tages“ |
| WetterOnline | „Alexa, frage WetterOnline, wie das Wetter in München ist“ |
| ZDFheute Xpress | „Alexa, sage mir die tägliche Zusammenfassung“ |

**Die Smart Home-Technologie**

Das Highlight des Amazon Echo? Auch Smart Home-Geräte können per Sprachsteuerung bedient werden. Für zahlreiche Kunden ist dieses Feature das Kaufkriterium schlechthin. Schlussendlich können Sie mit Amazon Echo ihre Schalter, Steckdosen, Thermostate und Beleuchtungsmittel problemlos mit Ihrer Stimme steuern.

So können Sie alle elektronischen Geräte steuern, sofern diese an intelligenten Schaltern oder Steckdosen angesteckt sind.

Beliebt ist vor allem die Lichtsteuerung. So können Sie Lampen und auch Lichter ein- sowie ausschalten und auch die Farben verändern.

Selbstverständlich gibt es auch smarte Thermostate, die per Sprachsteuerung gesteuert werden können. Das heißt, dass die Heizungsanlage von Ihnen - nur über sprachliche Befehle - gesteuert wird (siehe das Kapitel „Smart Home-Geräte mit Alexa steuern").

## Amazon Echo einrichten

### Amazon Echo einrichten (1. Generation)

Suchen Sie für Amazon Echo (1. Generation) einen zentralen Platz und achten Sie darauf, dass sich das Gerät 20 cm von Fenstern und Wänden befindet. Ob in der Küche, am Nachttisch oder auch im Wohnzimmer - am Ende spielt es jedoch keine Rolle, wo Sie Amazon Echo aufstellen.

1. Laden Sie zu Beginn die App „Alexa" runter und melden Sie sich in weiterer Folge an (siehe das Kapitel „Die „Alexa"-App").

Die App ist kostenlos. Durch die App, die den Namen „Alexa" trägt, können Sie das Gerät einrichten, Einkaufslisten verwalten (siehe das Kapitel „Die Verwaltung einer Liste"), Musik abspielen lassen (siehe das Kapitel „So können Sie Ihre Musik anhören") und auch einen Wecker (siehe das Kapitel „Timer und Wecker") stellen. Die App steht für Tablets und Smartphones zur Verfügung.

<u>Systemvoraussetzungen:</u>
Fire OS 3.0 (oder höher)
iOS 8.0 (oder höher)
Android 4.4 (oder höher)

Rufen Sie auf Ihrem Mobilgerät den App-Store auf, suchen Sie die „Alexa"-App und wählen Sie die Datei aus, sodass der Download startet. Alternativ kann die App auch mit dem Computer auf der Seite https://alexa.amazon.de runtergeladen werden. Zu beachten ist, dass folgende Browser verwendet werden können: Safari, Firefox, Chrome, Internet Explorer (10 oder höher) oder Microsoft Edge.

1. Schalten Sie das Gerät ein.

Nun schließen Sie das Netzteil an und stecken den Stecker in die Steckdose. Nun wird der Leuchtring zuerst blau leuchten, in weiterer Folge orange. Orangefarbenes Licht zeigt Ihnen an, dass das Gerät funktionstüchtig ist (siehe das Kapitel „Amazon Echo - eine Begegnung der besonderen Art" -„Der Lichtring").

2. Verbinden Sie das Gerät mit dem WLAN-Netzwerk.

Nun müssen Sie die Anweisungen in der App befolgen und Amazon Echo mit dem WLAN-Netzwerk verbinden. Tipp: Kann Amazon Echo keine Verbindung herstellen, so nehmen sie das Gerät vom Strom und starten Sie das Gerät erneut. Treten weiterhin Probleme auf, so setzen Sie Amazon Echo auf die Werkseinstellungen zurück (siehe das Kapitel „Das Echo-Gerät stellt keine Verbindung zum WLAN her").

3. 4. Nun können Sie mit Alexa Kontakt aufnehmen.

Ab sofort können Sie Amazon Echo verwenden und mit der sympathischen Sprachassistentin Alexa Kontakt aufnehmen. Beachten Sie, dass Amazon Echo nun standardmäßig eingestellt ist - das heißt, dass Amazon Echo auf das Aktivierungskennwort „Alexa" reagiert. Sie können das Kennwort aber jederzeit in den Einstellungen ändern (siehe das Kapitel „Aktivierungswort ändern").

**Amazon Echo einrichten (2. Generation)**
Suchen Sie für Amazon Echo (1. Generation) einen zentralen Platz und achten Sie darauf, dass sich das Gerät 20 cm von Fenstern und Wänden befindet. Ob in der Küche, am Nachttisch oder auch im Wohnzimmer - am Ende spielt es jedoch keine Rolle, wo Sie Amazon Echo aufstellen.

4. Laden Sie zu Beginn die App „Alexa" runter und melden Sie sich in weiterer Folge an (siehe das Kapitel „Die „Alexa"-App").

Die App ist kostenlos. Durch die App, die den Namen „Alexa" trägt, können Sie das Gerät einrichten, Einkaufslisten verwalten (siehe das Kapitel „Die Verwaltung einer Liste"), Musik abspielen lassen (siehe das Kapitel „So können Sie Ihre Musik anhören") und auch einen Wecker (siehe das Kapitel „Timer und Wecker") stellen. Die App steht für Tablets und Smartphones zur Verfügung.

<u>Systemvoraussetzungen:</u>
Fire OS 3.0 (oder höher)
iOS 9.0 (oder höher)
Android 5.0 (oder höher)

Rufen Sie auf Ihrem Mobilgerät den App-Store auf, suchen Sie die „Alexa"-App und wählen Sie die Datei aus, sodass der Download startet. Alternativ kann die App auch mit dem Computer auf der Seite https://alexa.amazon.de runtergeladen werden. Zu beachten ist, dass folgende Browser verwendet werden können: Safari, Firefox, Chrome, Internet Explorer (10 oder höher) oder Microsoft Edge.

5. Schalten Sie das Gerät ein.

Nun schließen Sie das Netzteil an und stecken den Stecker in die Steckdose. Nun wird der Leuchtring zuerst blau leuchten, in weiterer Folge orange. Orangefarbenes Licht zeigt Ihnen an, dass das Gerät funktionstüchtig ist (siehe das Kapitel „Amazon Echo - eine Begegnung der besonderen Art“ -„Der Lichtring“).

6. Verbinden Sie das Gerät mit dem WLAN-Netzwerk.

Nun müssen Sie die Anweisungen in der App befolgen und Amazon Echo mit dem WLAN-Netzwerk verbinden. Tipp: Kann Amazon Echo keine Verbindung herstellen, so nehmen sie das Gerät vom Strom und starten Sie das Gerät erneut. Treten weiterhin Probleme auf, so setzen Sie Amazon Echo auf die Werkseinstellungen zurück (siehe das Kapitel „Das Echo-Gerät stellt keine Verbindung zum WLAN her“).

1. Nun können Sie mit Alexa Kontakt aufnehmen.

Ab sofort können Sie Amazon Echo verwenden und mit der sympathischen Sprachassistentin Alexa Kontakt aufnehmen. Beachten Sie, dass Amazon Echo nun standardmäßig eingestellt ist - das heißt, dass Amazon Echo auf das Aktivierungskennwort „Alexa“ reagiert. Sie können das Kennwort aber jederzeit in den Einstellungen ändern (siehe das Kapitel „Aktivierungswort ändern“).

**Amazon Echo Dot einrichten**

Der Echo Dot kann an den verschiedensten Orten aufgestellt werden - so im Wohnzimmer, auf der Küchentheke oder auch auf dem Nachttisch.

2. Laden Sie zu Beginn die App „Alexa“ runter und melden Sie sich in weiterer Folge an (siehe das Kapitel „Die „Alexa“-App“).

Die App ist kostenlos. Durch die App, die den Namen „Alexa“ trägt, können Sie das Gerät einrichten, Einkaufslisten verwalten (siehe das Kapitel „Die Verwaltung einer Liste“), Musik abspielen lassen (siehe das Kapitel „So können Sie Ihre Musik anhören“) und auch einen Wecker (siehe das Kapitel „Timer und Wecker“) stellen. Die App steht für Tablets und Smartphones zur Verfügung.

<u>Systemvoraussetzungen:</u>
Fire OS 3.0 (oder höher)
iOS 8.0 (oder höher)
Android 4.4 (oder höher)

Rufen Sie auf Ihrem Mobilgerät den App-Store auf, suchen Sie die „Alexa“-App und wählen Sie die Datei aus, sodass der Download startet. Alternativ kann die App auch mit dem Computer auf der Seite https://alexa.amazon.de runtergeladen werden. Zu beachten ist, dass folgende Browser verwendet werden können: Safari, Firefox, Chrome, Internet Explorer (10 oder höher) oder Microsoft Edge.

3. Schalten Sie das Gerät ein.

Stellen Sie den Echo Dot an einem zentralen Ort - jedoch mindestens mit einer Entfernung von 20 cm zu Wänden oder Fenstern - auf. Nun schließen Sie das Netzteil an und stecken den Stecker in die Steckdose. Nun wird der Leuchtring zuerst blau leuchten, in weiterer Folge orange. Orangefarbenes Licht zeigt Ihnen an, dass das Gerät funktionstüchtig ist (siehe das Kapitel „Amazon Echo - eine Begegnung der besonderen Art“ - „Der Lichtring“).

4. Verbinden Sie das Gerät mit dem WLAN-Netzwerk.

Nun müssen Sie die Anweisungen in der App befolgen und Amazon Dot mit dem WLAN-Netzwerk verbinden.

Startet die Einrichtung nicht automatisch, so halten und drücken Sie die Aktion-Taste auf dem Gerät, sodass sich der Lichtring orange färbt. Gehen Sie dann in die „Alexa“-App und wählen Sie nun „Einstellungen“, „Ein neues Gerät einrichten“.

Stellt Echo Dot keine Verbindung zum WLAN-Netzwerk her, so starten Sie das Gerät erneut. Nehmen Sie dafür den Echo Dot vom Strom - nach dem Neustart sollte das Problem behoben sein (siehe das Kapitel „Das Echo-Gerät stellt keine Verbindung zum WLAN her“).

5. Nun können Sie mit Alexa Kontakt aufnehmen.

Ab sofort können Sie Amazon Echo Dot verwenden und mit der sympathischen Sprachassistentin Alexa Kontakt aufnehmen. Beachten Sie, dass Amazon Echo Dot nun standardmäßig eingestellt ist - das heißt, dass Amazon Echo Dot auf das Aktivierungskennwort „Alexa“ reagiert. Sie können das Kennwort aber jederzeit in den Einstellungen ändern.

**Amazon Echo Show einrichten**

Amazon Echo Show sollte an einem zentralen Ort - jedoch mindestens mit einer Entfernung von 20 cm zu Wänden oder Fenstern - aufgestellt werden.

1. Laden Sie zu Beginn die App „Alexa“ runter und melden Sie sich in weiterer Folge an (siehe das Kapitel „Die „Alexa“-App“).

Die App ist kostenlos. Durch die App, die den Namen „Alexa“ trägt, können Sie das Gerät einrichten, Einkaufslisten verwalten (siehe das Kapitel „Die Verwaltung einer Liste“), Musik abspielen lassen (siehe das Kapitel „So können Sie Ihre Musik anhören“) und auch einen Wecker (siehe das Kapitel „Timer und Wecker“) stellen. Die App steht für Tablets und Smartphones zur Verfügung.

Systemvoraussetzungen:
Fire OS 3.0 (oder höher)
iOS 9.0 (oder höher)

Android 5.0 (oder höher)

Rufen Sie auf Ihrem Mobilgerät den App-Store auf, suchen Sie die „Alexa"-App und wählen Sie die Datei aus, sodass der Download startet. Alternativ kann die App auch mit dem Computer auf der Seite https://alexa.amazon.de runtergeladen werden. Zu beachten ist, dass folgende Browser verwendet werden können: Safari, Firefox, Chrome, Internet Explorer (10 oder höher) oder Microsoft Edge.

1. Schalten Sie das Gerät ein.

Nun schließen Sie das Netzteil an und stecken den Stecker in die Steckdose. Folgen Sie in weiterer Folge den Anweisungen, die auf dem Bildschirm angezeigt werden.

2. Nun können Sie mit Alexa Kontakt aufnehmen.

Ab sofort können Sie Amazon Echo Show verwenden und mit der sympathischen Sprachassistentin Alexa Kontakt aufnehmen. Beachten Sie, dass Amazon Echo Shownun standardmäßig eingestellt ist - das heißt, dass Amazon Echo Show auf das Aktivierungskennwort „Alexa" reagiert. Sie können das Kennwort aber jederzeit in den Einstellungen ändern (siehe das Kapitel „Das Aktivierungswort ändern").

**Amazon Echo mit dem WLAN-Netzwerk verbinden**

Das Gerät benötigt für die Verarbeitung auch Beantwortung Ihrer Frage eine WLAN-Verbindung; die WLAN-Verbindung ist auch erforderlich, wenn Sie Medien oder Musik streamen (siehe das Kapitel „So können Sie Ihre Musik anhören") wollen.

Zu Beginn stecken Sie Amazon Echo an die Steckdose. In weiterer Folge müssen Sie die „Alexa"-App öffnen. Das Echo-Gerät stellt in weiterer Folge eine Verbindung mit dem WLAN-Netzwerk her (2,4 GHz oder 5 GHz), sofern der Standard 802.11a/b/g/n verwendet wird. Zu beachten ist, dass Amazon Echo nicht mit sogenannten Ad-hoc-Netzwerken (also Peer-to-peer-Netzwerken) verbunden werden kann.

1. Öffnen Sie die App und wählen Sie den Punkt „Einstellungen".
2. Wählen Sie „WLAN aktualisieren" aus. Möchten Sie ein neues Gerät Ihrem Konto hinzufügen, so wählen Sie den Punkt „Ein neues Gerät einrichten" aus.
3. Halten Sie nun die Aktion-Taste auf dem Echo-Gerät gedrückt. Der Lichtring färbt sich orange; in weiterer Folge zeigt Amazon Echo alle zur Verfügung stehenden WLAN-Netzwerke an.
4. Wählen Sie das richtige Netzwerk aus und geben Sie das Passwort ein, sofern es sich um ein verschlüsseltes Netzwerk handelt. Finden

Sie Ihr WLAN-Netzwerk nicht, so wählen Sie „Netzwerk hinzufügen" aus; mitunter hilft es auch, wenn sie auf „Erneut scannen" klicken.

5. Wählen Sie „Verbinden" aus. Die App bestätigt, wenn Amazon Echo mit dem Netzwerk verbunden wurde.

Amazon Echo kann aber auch mit dem WLAN-Hotspot verbunden werden. Für diesen Vorgang benötigen Sie die aktuelle Software auf Ihrem Echo-Gerät, die „Alexa"-App und einen Mobilfunkvertrag, der in weiterer Folge WLAN-Hotspots unterstützt.

Beachten Sie, dass der mobile Hotspot mitunter nicht zur Verfügung steht, wenn Sie Amazon Echo das erste Mal einrichten. Verbinden Sie daher Amazon Echo zuerst mit Ihrem Heim-WLAN, sodass Sie auch die aktuelle Software runterladen und installieren können.

Möchten Sie Amazon Echo mit dem WLAN-Hotspot verbinden, müssen Sie folgende Schritte befolgen:

1. Öffnen Sie zunächst „Einstellungen" und dem mobilen Gerät und suchen sie nach dem Hotspot. Kopieren Sie in weiterer Folge den Namen des Netzwerks und das Passwort.
2. Öffnen Sie nun in der „Alexa"-App „Einstellungen".
3. Wählen Sie nun „WLAN aktualisieren" aus.
4. Nun halten Sie die Aktion-Taste am Echo-Gerät gedrückt; der Lichtring muss orangenfarben werden. Nun wird die Liste der zur Verfügung stehenden Netzwerke - unter anderem auch der Hotspot - angezeigt.
5. Wählen Sie den Hotspot aus.
6. Wählen Sie nun „Start" aus.
7. Nun müssen Sie den Netzwerknamen und das Passwort einfügen und auf „Verbinden" klicken
8. Öffnen Sie in weiterer Folge „Einstellungen" in Ihrem Smartphone und aktivieren Sie den Hotspot. Nun sucht Amazon Echo nach dem Hotspot und bestätigt, wenn die Verbindung hergestellt wurde.

**Amazon Echo Dot mit dem WLAN-Netzwerk verbinden**

Zu Beginn stecken Sie Amazon Echo Dot an die Steckdose. In weiterer Folge müssen Sie die „Alexa"-App öffnen. Das Echo-Gerät stellt in weiterer Folge eine Verbindung mit dem WLAN-Netzwerk her (2,4 GHz oder 5 GHz), sofern der Standard 802.11a/b/g/n verwendet wird. Zu beachten ist, dass Amazon Echo Dot nicht mit sogenannten Ad-hoc-Netzwerken (also Peer-to-peer-Netzwerken) verbunden werden kann.

1. Öffnen Sie die App und wählen Sie den Punkt „Einstellungen".
2. Wählen Sie „WLAN aktualisieren" aus. Möchten Sie ein neues Gerät Ihrem Konto hinzufügen, so wählen Sie den Punkt „Ein neues Gerät einrichten" aus.

3. Halten Sie nun die Aktion-Taste auf dem Echo-Gerät gedrückt. Der Lichtring färbt sich orange; in weiterer Folge zeigt Amazon Echo alle zur Verfügung stehenden WLAN-Netzwerke an.
4. Wählen Sie das richtige Netzwerk aus und geben Sie das Passwort ein, sofern es sich um ein verschlüsseltes Netzwerk handelt. Finden Sie Ihr WLAN-Netzwerk nicht, so wählen Sie „Netzwerk hinzufügen" aus; mitunter hilft es auch, wenn sie auf „Erneut scannen" klicken.
5. Wählen Sie „Verbinden" aus. Die App bestätigt, wenn Amazon Echo mit dem Netzwerk verbunden wurde.

Amazon Echo Dot kann aber auch mit dem WLAN-Hotspot verbunden werden. Für diesen Vorgang benötigen Sie die aktuelle Software auf Ihrem Echo-Gerät, die „Alexa"-App und einen Mobilfunkvertrag, der in weiterer Folge WLAN-Hotspots unterstützt.

**Amazon Echo Show mit dem WLAN-Netzwerk verbinden**

Das Echo Show -Gerät stellt in weiterer Folge eine Verbindung mit dem WLAN-Netzwerk her (2,4 GHz oder 5 GHz), sofern der Standard 802.11a/b/g/n verwendet wird. Zu beachten ist, dass Amazon Echo Show nicht mit sogenannten Ad-hoc-Netzwerken (also Peer-to-peer-Netzwerken) verbunden werden kann.

1. Geben Sie den Sprachbefehl „Alexa, gehe zu Einstellungen" oder wischen sie mit ihrem Finger von oben nach unten über den Bildschirm und klicken dann auf „Einstellungen".
2. Gehen Sie nun auf „WLAN".
3. Damit eine Verbindung hergestellt werden kann, tippen Sie nun auf das Netzwerk - nun müssen Sie die weiteren Anweisungen befolgen.

**Amazon Echo mit Bluetooth-Lautsprechern verbinden**

Sie können Musik oder auch Hörbücher über einen externen Bluetooth-Lautsprecher abspielen (siehe das Kapitel „So können Sie Ihre Musik anhören")!

Achten Sie jedoch darauf, dass der Abstand zwischen Bluetooth-Lautsprecher und Amazon Echo mindestens einen Meter beträgt. Ist das Echo-Gerät zu nahe am Lautsprecher, so kann es zu Problemen kommen, wenn Sie Alexa Sprachbefehle erteilen. Mitunter versteht Alexa auch nicht das Aktivierungswort. Verwenden Sie zudem nur Echo Dot-zertifizierte Lautsprecher.

1. Schalten Sie zu Beginn den sogenannten Pairing-Modus des Bluetooth-Lautsprechers ein. Sind Sie unsicher, wie Sie den Modus aktivieren? Schlagen Sie im Handbuch Ihres Lautsprechers nach!
2. Öffnen Sie nun die „Alexa"-App und gehen Sie auf „Einstellungen".

3. Wählen Sie nun „Bluetooth“ und dann „Ein neues Gerät pairen“ aus. Nun wechselt Amazon Echo in den Pairing-Modus. Hat Amazon Echo den Bluetooth-Lautsprecher erkannt, so wird er ihn in der Liste anzeigen.
4. Wählen Sie nun den gewünschten Lautsprecher aus. In weiterer Folge verbindet sich Amazon Echo mit dem Bluetooth-Lautsprecher. Alexa sagt Ihnen dann, ob die Verbindung hergestellt werden konnte.
5. Gehen Sie nun in der App auf „Weiter“. Nun ist der Bluetooth-Lautsprecher mit Amazon Echo gekoppelt.

**Amazon Echo Dot mit externen Lautsprechern verbinden**

Um Amazon Echo Dot mit einem Lautsprecher zu verbinden, benötigen Sie zuerst ein 3,5 mm Audiokabel. Folgende Geräte können mit externen Lautsprechern verbunden werden:

Echo Dot
Echo Plus
Amazon Echo (2. Generation)

Lautsprecher und Echo Dot sollten einen Meter voneinander entfernt sein.

1. Schalten Sie zu Beginn den externen Lautsprecher ein
2. Stecken Sie nun das Audiokabel in den Lautsprecher und in Echo Dot; in weiterer Folge werden die Audio-Inhalte über den externen Lautsprecher abgespielt.

**Amazon Show mit Bluetooth-Lautsprechern verbinden**

Echo Show kann auch über andere Bluetooth-Lautsprecher streamen.

Lautsprecher und Echo Show sollten mindestens einen Meter voneinander entfernt sein!

Verwenden Sie zudem nur Bluetooth-Lautsprecher, die auch für die Verwendung mit Echo Show-Geräten zertifiziert sind, sodass Sie am Ende das optimalste Ergebnis geliefert bekommen.

1. Zu Beginn müssen Sie den Pairing-Modus des Bluetooth-Lautsprechers einschalten.
2. Geben Sie den Befehl „Alexa, gehe zu Einstellungen“ oder fahren Sie mit dem Finger von oben nach unten über das Display und gehen dann auf „Einstellungen“.
3. Gehen Sie nun auf „Bluetooth“.
4. Echo Show wechselt nun in den sogenannten Pairing-Modus; hat das Gerät einen Bluetooth-Lautsprecher erkannt, so wird dieser in der Liste der zur Verfügung stehenden Geräte aufscheinen.

5. Klicken Sie auf den Lautsprecher und folgen Sie den weiteren Anweisungen, die auf dem Bildschirm angezeigt werden; in weiterer Folge wird Echo Show eine Verbindung mit dem Bluetooth-Lautsprecher herstellen.

**Amazon Echo mit einem Mobilgerät koppeln**

Natürlich können Sie beleibte Audiodienste - so etwa Google Play Music oder auch iTunes - über das Tablet oder Smartphone streamen.

Zuvor müssen Sie darauf achten, dass alle Bluetooth-Geräte von Amazon Echo getrennt wurden. Amazon Echo kann nur mit einem einzigen Bluetooth-Gerät verbunden werden.

1. Geben Sie den Befehl „Koppeln"; nun teilt Alexa mit, ob Amazon Echo für den Pairing-Modus bereit ist. Der Pairing-Modus wird beendet, wenn Sie den Befehl „Abbrechen" sagen.
2. Öffnen Sie in weiterer Folge das Menü auf Ihrem Mobilgerät, in welchem Sie einen Zugriff auf die Bluetooth-Einstellungen bekommen. Nun wählen Sie Amazon Echo aus. Wurde die Verbindung hergestellt, so wird Alexa den Vorgang bestätigen. Nun können Sie problemlos Audioinhalte vom Mobilgerät streamen.

Wurde das Mobilgerät mit Amazon Echo gepairt, können Sie natürlich auch die Sprachsteuerung verwenden, wenn Sie gerade Musik hören oder sich ein Hörbuch vorlesen lassen (siehe die Kapitel „So können Sie Ihre Musik anhören" - „Hörbücher über Amazon Echo anhören" - „Mit Alexa Kindle eBooks lesen").

1. Sagen Sie „Verbinden"; in weiterer Folge sucht Alexa nach bereits gekoppelten Mobilgeräten und wird die Verbindung herstellen.
2. Öffnen Sie jetzt die Medien- oder Musik-App auf Ihrem Mobilgerät und wählen Sie in weiterer Folge einen Titel Ihrer Wahl aus. Der Titel wird über Amazon Echo abgespielt.
3. Steuern Sie nun die Wiedergabe mit den folgenden Sprachbefehlen:

| |
|---|
| „Abspielen" |
| „Zurück" |
| „Pause" |
| „Stopp" |
| „Weiter" |
| „Neustart" |
| „Fortsetzen" |

### Amazon Echo Dot mit einem Mobilgerät koppeln

Echo Dot verfügt natürlich auch über Bluetooth, sodass Sie die Audiosignale des Mobilgerätes - das kann das Tablet oder Smartphone sein - streamen können. Prüfen Sie zu Beginn, ob das Gerät das Bluetooth-Profil auch unterstützt, dass vom Amazon Echo Dot-Gerät erkannt wird.

Zuvor müssen Sie darauf achten, dass alle Bluetooth-Geräte von Amazon Echo Dot getrennt wurden. Amazon Echo Dot kann nur mit einem einzigen Bluetooth-Gerät verbunden werden.

1. Öffnen Sie zu Beginn die „Alexa"-App.
2. Öffnen Sie nun den Navigationsbereich auf der linken Seite und gehen in „Einstellungen".
3. Wählen Sie Echo Dot aus und dann „Bluetooth" und dann „Ein neues Gerät koppeln"; Echo Dot wechselt nun in den Kopplungsmodus.
4. Öffnen Sie den Bereich für die Bluetooth-Einstellungen auf Ihrem Mobilgerät und wählen Sie nun Echo Dot aus; beachten Sie, dass es mitunter ein paar Augenblicke dauern kann, bis das Gerät in der Liste zu sehen ist.
5. Alexa sagt Ihnen danach, ob die Verbindung erfolgreich war.
6. Möchten Sie das Mobilgerät trennen, dann sagen Sie „Trennen".

*Amazon Show mit einem Mobilgerät koppeln*

Auch Amazon Show ist Bluetooth-fähig. So können Sie Audiodienste, wie etwa Google Play Music oder auch iTunes, vom Mobilgerät - etwa vom Tablet oder Smartphone - streamen.

Achten Sie darauf, dass sich das Mobilgerät in der Nähe des Echo Show-Geräts befindet.

1. Geben Sie den Befehl „Alexa, kopple mein Smartphone"; in weiterer Folge erhalten Sie die Information, ob das Gerät für das Pairing bereit ist.
2. Öffnen Sie den Bereich für die Bluetooth-Einstellungen auf Ihrem Mobilgerät und wählen Sie nun Echo Sow aus; beachten Sie, dass es mitunter ein paar Augenblicke dauern kann, bis das Gerät in der Liste zu sehen ist.
3. Alexa sagt Ihnen danach, ob die Verbindung erfolgreich war.
4. Möchten Sie das Mobilgerät trennen, dann sagen Sie „Trennen".

### Amazon Echo mit der Sprachfernbedienung koppeln

Die Sprachfernbedienung kann ebenfalls mit dem Echo-Gerät koppelt werden (siehe das Kapitel „Die Alexa-Sprachfernbedienung").

1. Öffnen Sie zunächst den Batteriefachdeckel Ihrer Sprachfernbedienung und legen Sie zwei AAA-Batterien ein.
2. Starten Sie nun die „Alexa"-App und gehen Sie auf „Einstellungen".
3. Wählen Sie das Echo-Gerät und gehen dann auf „Fernbedienung koppeln".
4. Halten Sie nun die „Wiedergabe/Pause"-Taste auf Ihrer Fernbedienung für mindestens fünf Sekunden gedrückt; in weiterer Folge wird Amazon Echo die Fernbedienung suchen und für mindestens 40 Sekunden eine Verbindung herstellen.

**Amazon Show mit der Sprachfernbedienung koppeln**

Die Sprachfernbedienung kann ebenfalls mit dem Echo Show-Gerät koppelt werden.

1. Geben Sie den Befehl „Alexa, gehe zu Einstellungen" oder wischen Sie mit dem Finger von oben nach unten über den Bildschirm und gehen dann auf „Einstellungen".
2. Gehen Sie nun auf „Geräteoptionen".
3. Wählen Sie den Punkt „Amazon Echo-Fernbedienung koppeln" und befolgen Sie die weiteren Anweisungen auf dem Bildschirm.

**Informationen zur Barrierefreiheit**

Die App und auch Alexa-fähige Produkte enthalten zahlreiche Funktionen für Kunden, die Probleme mit dem Hören, Sehen oder auch Sprechen haben oder auch unter Mobilitätseinschränkungen leiden.

**Vision**

| |
|---|
| Große Schrift auf Android (steht nicht für iOS zur Verfügung) |
| Es gibt für die verschiedenen Einrichtungsschritte auch Audio-Anweisungen |
| Verwenden Sie die App mit unterstützten Screen-Readern: iPhones und iPad mit VoiceOver, Mac OS X mit VoiceOver, Android-Geräte mit TalkBack, FireOS mit VoiceView, PCs mit NVDA und JAWS |
| Der höhere Kontrast sorgt für eine erleichterte Lesbarkeit |
| Die Lautstärke kann per Touch oder Sprache eingestellt werden |

**Hören**

| |
|---|
| Amazon Echo kann sehr wohl mit Bluetooth-Lautsprechern verbunden werden |
| Die Lautstärke für Wecker, Timer und Medien-Wiedergabe sind anpassbar |
| Die Musikwiedergabe kann per Sprache gesteuert werden |
| Der Lichtring wechselt bei verschiedenen Aktionen |

**Mobilität**

| |
|---|
| Amazon Echo unterstützt die Tastatur-Navigation in der App und auch in den Webbrowsern (auch im Zuge der Geräteeinrichtung) |
| Sprachsteuerung für Smart Home-Geräte |
| Weitreichende Spracherkennung |

**Sprache**

| |
|---|
| Folgende Aktivierungswörter werden unterstützt: Amazon, Alexa, Computer und Echo |
| Artikel können zu Listen per Texteingabe hinzugefügt werden |
| Sprechen ist via Drücken oder auch Halten auf der Sprachfernbedienung möglich |
| Für Sprachbefehle gibt es ein Feedback auf der Startseite oder auch unter dem Punkt „Verlauf“ („Einstellungen“) |
| Immer wieder werden reguläre Updates angeboten, die das Ziel verfolgen, die Spracherkennung deutlich zu verbessern |

**Aktivierungswort ändern**
Sie möchten mit Amazon Echo sprechen? Dann sagen Sie das Aktivierungswort. Folgende Wörter stehen zur Verfügung:

**Alexa**

**Amazon**

**Computer**

**Echo**

Ihnen gefällt das voreingestellte Aktivierungswort „Alexa“ nicht? Das Aktivierungswort kann aber auch in der App geändert werden!

1. Wählen Sie im Menü „Einstellungen“.
2. Wählen Sie nun Ihr Gerät aus.
3. Wählen Sie „Aktivierungswort“ aus.
4. Wählen Sie das neue Aktivierungswort und klicken Sie auf „Speichern“.

Der Lichtring wird orange leuchten (siehe das Kapitel „Amazon Echo - eine Begegnung der besonderen Art“ - „Der Lichtring“).

**Aktivierungswort ändern (Echo Show)**

1. Geben Sie den Befehl „Gehe zu Einstellungen“ oder wählen Sie über den Bildschirm „Einstellungen“ aus.
2. Tippen Sie nun auf den Punkt „Geräteoptionen“.
3. Nun wählen Sie das neue Aktivierungswort.

**Alexa geräteübergreifend nutzen**

Die digitale Sprachassistentin funktioniert geräteübergreifend und merkt sich alle Voreinstellungen. Nachdem Alexa aktiviert wurde (siehe das Kapitel „Amazon Echo einrichten), können Sie eine Frage stellen oder einen Befehl geben.

<u>Echo-Geräte</u>

Sprechen Sie das Aktivierungswort und stellen Sie eine Frage.

<u>Amazon Fire TV</u>

Drücken Sie die Sprach-Taste auf der Sprachfernbedienung oder auch auf der Fernbedienungs-App von Amazon Fire TV. Stellen Sie Ihre Frage und lassen Sie danach die Sprach-Taste los.

Fire Tablets

Halten und drücken Sie die Startseite-Taste - es erscheint ein blauer Strich. Nun können Sie Ihre Frage stellen.

Andere Alexa-fähige Produkte

Alexa kann mittels Aktivierungskennwort, Taste oder anderen Möglichkeiten aktiviert werden.

**Die Verwendung mehrerer Alexa-Geräte**

Der Sprachdienst arbeitet natürlich mit allen Alexa-fähigen Geräten zusammen. Diverse Einstellungen und Inhalte werden also auf jenen Geräten geteilt, die auf Ihrem persönlichen Konto registriert wurde.

Amazon Alexa-Geräte können durch Sprachbefehle oder auch über eine Begleit-App gesteuert werden. Haben Sie mehr als ein Gerät mit demselben Aktivierungswort, so antwortet Alexa mit Unterstützung von ESP - „Echo Spatial Perception". Es reagiert das Gerät, das am nächsten zu Ihnen ist. Für die folgenden Geräte ist es nicht notwendig, das Aktivierungswort zu sagen, wenn Sie einen Sprachbefehl erteilen wollen:

Fire Tablets
Fire TV-Geräte

Sie möchten jedem einzelnen Alexa-Gerät einen Namen geben? Das ist möglich. Der Gerätename kann unter dem Punkt „Meine Inhalte und Geräte" geändert werden.

Haben Sie mehrere Alexa-Geräte, so werden diverse Einstellungen und Inhalte auch geräteübergreifend verwendet. Unter „Einstellungen" in der „Alexa"-App finden Sie den Punkt „Konto" für alle Geräte - inklusive der folgenden Optionen:

Musik und Medien
Anrufe und Nachrichten
Smart Home-Geräte
Haushaltsprofile
Einkaufs- und To-do-Listen
Tägliche Zusammenfassung

Folgende spezifische Inhalte, die nicht geräteübergreifend geteilt werden, sind:

Töne
Bluetooth-Verbindungen
Wecker und Timer

## Die Personalisierung Ihres Alexa-Geräts

Die Optionen können natürlich Ihren eigenen Vorlieben und Bedürfnissen angepasst werden.

Gerätestandort

Alexa verwendet den Gerätestandort, sodass Informationen zur Uhrzeit, Verkehrslage und dem Wetter folgen; mitunter gibt es auch zahlreiche andere lokale Funktionen und lokale Suchen (siehe das Kapitel „Der Gerätestandort").

Aktivierungswörter

Sie möchten mit Alexa sprechen? Sagen Sie das selbstgewählte Aktivierungswort. Folgende Aktivierungsworte stehen zur Verfügung (siehe das Kapitel „Aktivierungswort ändern"):

Alexa
Amazon
Computer
Echo

Kalender

Sie können den Kalender über die App verknüpfen, sodass Sie sich jederzeit Termine vorlesen lassen können. Sie können aber auch Termine - natürlich per Sprachsteuerung – hinzufügen (siehe das Kapitel „Die Verwaltung einer Liste").

Shopping-Einstellungen

Mit Alexa können Sie nach Artikeln suchen oder diese bestellen (siehe das Kapitel „Bestellungen aufgeben).

Skills

Dabei handelt es sich um neue, sprachgesteuerte Fähigkeiten, die dafür sorgen, dass Alexa noch mehr Funktionen bieten kann (siehe das Kapitel „Skills aktivieren").

Tägliche Zusammenfassung

Hier handelt es sich um vorab aufgezeichnete Nachrichten von aktuellen Schlagzeilen oder auch von beliebten Sendern oder Wetterinformationen (siehe das Kapitel „Die tägliche Zusammenfassung").

Verkehr

Nachdem Startpunkt und Ziel in die App eingetragen wurden, informiert Sie Alexa über die Verkehrslage. Dabei teilt Alexa die geschätzte Dauer mit und gibt Tipps für den schnellsten Weg.

Sportnachrichten

Sie können Alexa auch nach Sportnachrichten fragen. Holen Sie also jederzeit Informationen zu Ihrem Lieblingsverein ein und fragen Sie Alexa, wie das letzte Spiel ausgegangen ist.

Wetter

Alexa sagt Ihnen auch, wie das Wetter ist oder in den kommenden Tagen wird. Von Vorteil ist, dass die Wettervorhersage für jede deutsche oder auch internationale Stadt zur Verfügung steht.

Smart Home
Unterstützte Smart Home-Geräte können jederzeit über Alexa gesteuert werden (siehe das Kapitel „Smart Home-Geräte mit Alexa steuern).

Nachrichten und Anrufe

Bleiben Sie mit dieser Funktion mit der Familie und den Freunden in Kontakt.

**Benachrichtigungen**

Die digitale Sprachassistentin bietet zudem auch Benachrichtigungen zu zahlreichen Funktionen an. Die Benachrichtigungen funktionieren auf nachstehenden Geräten:

Amazon Echo
Amazon Echo (2. Generation)
Echo Dot
Echo Plus
Alexa-fähige Geräte

1. Wählen Sie im Menü „Einstellungen“.
2. Wählen Sie den Punkt „Benachrichtigungen“.
3. Wählen Sie nun eine Funktion (unter dem Punkt „Amazon“) aus, um in weiterer Folge die Benachrichtigungsoptionen zu sehen.
4. Nutzen Sie den Schieberegler, sodass die Benachrichtigungsoptionen auf „Aus“ oder „An“ gestellt werden können.

Alexa verwendet Audio-Anweisungen und auch visuelle Anweisungen, sodass sie weiß, wann Sie eine neue Nachricht erhalten.

„Alexa, lese meine Benachrichtigungen vor“

„Alexa, was habe ich versäumt?“

Nun erhalten Sie die Benachrichtigungen.

„Weiter“ oder „Zurück“ - Alexa springt zur nächsten oder vorherigen Nachricht.

„Alexa, lösche alle Benachrichtigungen“

Nun werden alle vorhandenen Benachrichtigungen gelöscht.

**Die Alexa-Sprachfernbedienung**

Mit der Sprachfernbedienung können Sie das kompatible Gerät ebenfalls koppeln. Zuerst müssen Sie die Sprachfernbedienung aber verbinden.

1. Entfernen Sie den Deckel des Batteriefachs der Fernbedienung.
2. Legen Sie nun zwei AAA-Batterien ein und setzen Sie den Deckel des Batteriefachs wieder ein.
3. Aktivieren Sie die „Alexa“-App und gehen Sie im Menü auf den Punkt „Einstellungen“.
4. Wählen Sie nun das Gerät, mit dem Sie die Fernbedienung koppeln möchten.
5. Drücken Sie die Pause/Wiedergabe-Taste für fünf Sekunden.

Nun sucht das Gerät die Fernbedienung und wird für 40 Sekunden eine Verbindung herstellen. Wurde die Fernbedienung erkannt, so sagt Alexa, die Fernbedienung wurde gekoppelt.

**Die Aktualisierung der Ländereinstellungen**

Sie können die Ländereinstellungen auf der Amazon-Webseite ändern, sodass Sie Zugriff auf Funktionen und Inhalte auf dem Echo-Gerät erhalten.

1. Wählen Sie den Punkt „Einstellungen“. Nutzen Sie ein Mobilgerät, so müssen Sie das Menü-Symbol auswählen und auf „Einstellungen“ klicken.
2. Klicken Sie auf den Punkt „Ländereinstellungen“ und dann auf „Änderung“. Nun können Sie eine lokale Adresse hinzufügen.
3. Unterhalb befindet sich die Fläche „Ändern“. Es erscheint folgender Hinweis: „Klicken Sie hier, um mehr über andere Amazon-Webseiten zu erfahren, auf denen Sie je nach Land, in dem Sie wohnen, einkaufen können.“ Klicken Sie auf den Link.
4. Wählen Sie nun den Punkt „Weitere Informationen“ und bestätigen Sie den angegebenen Wohnsitz unter dem Abschnitt „Aktualisieren Sie Ihren voreingestellten Kindle-Shop“.

**So können Sie Ihre Musik horen**

Sie möchten auf dem Alexa-Gerät Musik hören? Fragen Sie Alexa doch einfach danach! Ist ein Song, ein Album oder auch ein Künstler nicht in Ihrer Musikbibliothek enthalten, so sucht Alexa im Katalog der Amazon Musikbibliothek und wird - sofern es Hörproben gibt - diese abspielen.

| Sprachbefehl | Ausführung |
|---|---|
| „Lautstärke-Regler"<br>„Alexa, stelle die Lautstärke auf Nummer 3" | Lautstärke anpassen |
| „Alexa, was ist das?"<br>„Alexa, wer ist das?"<br>„Alexa, wer ist dieser Künstler?"<br>„Alexa, welcher Song ist das?"<br>„Alexa, wie heißt das Lied?"<br>„Alexa, wann wurde das Lied veröffentlicht?" | Alexa verrät Ihnen Details zum abgespielten Song. |
| „Stopp"<br>„Pause" | Der Song wird angehalten. |
| „Abspielen"<br>„Fortsetzen" | Der Song wird abgespielt oder fortgesetzt |
| „Alexa, stelle den Einschlaf-Timer für 30 Minuten"<br>„Alexa, höre in 20 Minuten auf, Musik abzuspielen"<br>„Alexa, beende den Schlaftimer" | Der Einschlaf-Timer wird eingerichtet oder gegebenenfalls deaktiviert. |
| „Weiter"<br>„Zurück"<br>„Endlosschleife" | Alexa spielt den nächsten oder vorherigen Song ab.<br>Es folgt die Wiedergabe im Rahmen einer Endlosschleife. |
| „Zufallswiedergabe"<br>„Alexa, stoppe die Zufallswiedergabe" | Die Songs werden zufällig abgespielt. |
| „Alexa, wiederhole diesen Song" | Der Song wird wiederholt. |

Natürlich gibt es auch noch detaillierte Aufforderungen, die Alexa erkennt und in weiterer Folge umsetzt.

| Sprachbefehl | Ausführung |
|---|---|
| „Alexa, spiele Musik“<br>„Alexa, spiele das Lied „Rock me Amadeus“ | Amazon Echo spielt das gewünschte Lied ab. |
| „Alexa, spiele das Album „Yellow Subarmine“ | Das Album wird abgespielt. |
| „Alexa, spiele Songs von Bon Jovi“ | Es werden Songs vom genannten Künstler gespielt. |
| „Alexa, spiele etwas Heavy Metal“<br>„Alexa, spiele Rock von Spotify“ | Alexa wird die Musik nun nach Genre abspielen. |
| „Alexa, meine Playlist ‚Entspannung‘ abspielen“<br>„Alexa, meine Playlist ‚Entspannung‘ zufällig wiedergeben“ | Die Playlist wird abgespielt. |
| „Alexa, zeige meine Playlisten“<br>„Alexa, zeige mir die Alben von ‚AC/DC‘“<br>„Alexa, zeige mir Pop-Songs“ | Diese Funktion steht nur bei Echo Show zur Verfügung; in weiterer Folge wird Ihre Musik durchsucht. |

Alexa greift auch auf Musikdienste zu.

Amazon Music Unlimited

„Alexa, Spiele Bon Jovi“
„Alexa, spiele Musik“
„Alexa, spiele Rockmusik“
„Alexa, spiele neue Musik“
„Alexa, Playlist abspielen“
„Alexa, spiele 1990 Rock“
„Alexa, spiele Rockantenne“
„Alexa, spiele die Playlist ‚Ruhiger Tag‘“
„Alexa, spiele Feiertagsmusik“
„Alexa, spiele Weihnachtsmusik“

Prime Music

„Alexa, spiele Metallica von Prime Music“
„Alexa, spiele etwas Prime Music“
„Alexa, spiele Rock von Prime Music“
„Alexa, spiele die Playlist ‚Laufen‘ von Prime Music“
„Alexa, spiele das Genre Rock aus Prime Music“
„Alexa, wer ist der Sänger der Band ‚Sum41‘?“

Spotify Premium (nur auf Amazon Alexa-Geräten verfügbar)

„Alexa, spiele ‚Hello' von Spotify"
„Alexa, spiele ‚Hello' von ‚Adele' auf Spotify"
„Alexa, spiele Songs von ‚Bruce Springsteen' auf Spotify"
„Alexa, spiele Musik, komponiert von Beethoven, auf Spotify"
„Alexa, spiele die Playlist ‚Feiertag' auf Spotify"
„Alexa, spiele Rock von Spotify"
„Alexa, spiele Spotify"

Personalisierte Sender

„Alexa, spiele meinen Rock-Sender auf Prime Music

Radiosender

„Alexa, spiele 110.5"
„Alexa, spiele den Sender Rockantenne"

Programm oder Podcast abspielen

„Alexa, spiele den Podcast ‚Alleine gegen alle' ab"
„Alexa, spiele die Sendung ‚Kulturelles Europa' ab"

Songs bewerten

„Daumen hoch"
„Daumen runter"
„Ich mag diesen Song"
„Ich mag diesen Song nicht"

**Medien und Musik über Alexa anhören**

Mit Hilfe von Alexa können Sie Podcasts, Musik oder auch Hörbücher von beliebten Streamingdiensten oder einfach über Smartphone oder Tablet (Blutetooth-Verbindung beachten) anhören. Selbstverständlich können Sie auch auf die persönliche Musiksammlung in der Amazon-Musikbibliothek zugreifen.

Streamingdienste für Medien und Musik auf Alexa-Geräte

Alexa unterstützt zahlreiche abonnementbasierte und kostenfreie Streamingdienste auf den Amazon-Geräten. Sie möchten wissen, welche Dienste zur Verfügung stehen? Wählen Sie in der App den Punkt „Musik und Bücher".

Fordern Sie Alexa auf, Medien und Musik von Diensten über das Alexa-Gerät zu streamen. Haben Sie das Alexa-Gerät auf Ihrem Amazon-Konto registriert, so haben Sie einen vollständigen Zugang zu Ihren Musiktiteln in der Musikbibliothek von Amazon. Zudem können Sie auch auf die Hörbücher in der Audible-Bibliothek zugreifen. Prime-Mitglieder können zudem mit Prime Music auch Sender, Wiedergabelisten und mehr als zwei Millionen kostenlose Lieder hören. Amazon Music Unlimited-Abonnenten dürfen sich über Millionen Songs freuen.

Musik hochladen

Sie können ihre persönliche Musik von Google Play, iTunes oder anderen Diensten über das Alexa-Gerät abspielen. Sie müssen nur die Lieder in Ihre Amazon-Musikbibliothek hochladen. Sagen Sie Alexa, dass sie die Musik abspielen soll, nachdem Sie diese über den PC oder Mac hochgeladen haben. Nutzen Sie den Vorteil und laden Sie bis 250 Songs kostenfrei in die Musikbibliothek. Haben Sie Amazon Music abonniert, so können Sie 250.000 Songs kostenfrei hinzufügen.

Die Musik kann über mehrere Echo-Geräte abgespielt werden

Synchronisieren Sie die Alexa-App (siehe das Kapitel „Die „Alexa“-App“) mit allen Echo-Geräten, so können die Songs über alle Geräte abgespielt werden.

Medien und Musik über Bluetooth streamen

Auf folgenden Geräten werden die „Advanced Audio Distribution Profile“ und „Audio/Video Fernbedienungs-Protokolle“ unterstützt:

Amazon Echo (1. Generation)
Amazon Echo (2. Generation)
Echo Dot (2. Generation)
Echo Plus
Echo Show

**Alexa mit einem Drittanbieter-Musikdienst verknüpfen**

Mitunter müssen Sie ein bestehendes Konto von einem Drittanbieter mit Alexa - über die App - verknüpfen, sodass Sie den Streamingdienst nutzen können. So etwa, wenn Sie auf Spotify zugreifen wollen.

1. Wählen Sie im Menü den Punkt „Einstellungen“.
2. Klicken Sie auf „Musik und Medien“ und wählen Sie dann den Musik-Streamingdienst aus.
3. Markieren Sie den Punkt „Konto mit Alexa verknüpfen“.
4. Geben Sie Ihre E-Mail-Adresse und das Passwort an.

*Auswählen der Amazon Music-Einstellungen*

Sie können auch jenen Dienst wählen, der von Alexa für die Wiedergabe der Sender und Musik und Anfragen genutzt wird. So können Sie die Standardmusikbibliothek (Spotify oder Amazon Music) und den Standardradiodienst (Amazon Music) auswählen. Die Einstellungen ändern Sie in der App.

1. Wählen Sie den Punkt „Einstellungen".
2. Gehen Sie auf „Musik & Medien".
3. Wählen Sie nun „Standard-Musikdienst auswählen".
4. Klicken Sie auf „Fertig".

**Lautsprecher-Skills einrichten**

Über die Lautsprecher-Skills, die mit Alexa verbunden sind, können Sie die Lautsprecher jederzeit sprachlich steuern. Die Lautsprecherlautstärke und auch die Wiedergabe können per Sprachbefehl geändert werden; zudem können Sie Playlisten und auch Ihre Favoriten abspielen.

Sie benötigen kompatible Lautsprecher und auch die Hersteller-App, ein Alexa-Gerät und auch die „Alexa"-App.

Die Lautsprecher-Skills werden in der App eingerichtet und auch aktiviert.

1. Besuchen Sie den „Skill-Shop" und entscheiden Sie sich für den Lautsprecher-Skill.
2. Wählen Sie in weiterer Folge „Aktivieren" aus und verknüpfen Sie das Konto mit der Webseite des Herstellers.
3. Melden Sie sich nun an.
4. Nun müssen Sie die Anweisungen auf dem Bildschirm befolgen.
5. Melden Sie sich nun beim Amazon-Konto an.
6. Gehen Sie in den „Smart Home"-Bereich der App und wählen Sie „Geräte" und dann „Entdecken".

**Hörbücher über Amazon Echo anhören**

Selbstverständlich kann Alexa auch Hörbücher oder diverse andere Premium-Audioprogramme von Kindle Unlimited oder Audible wiedergeben.

So unterstützt Alexa auch Whispersync für Hörbücher, sodass die Wiedergabeposition im Hörbuch nachverfolgt werden kann. Besitzen Sie das Hörbuch nicht, so liest Alexa die Hörprobe vor.

Folgende Audible-Funktionen und -Inhalte werden nicht unterstützt:

| |
|---|
| Statistiken und Trophäen |
| Audio-Abonnements für Zeitschriften und Zeitungen |
| Notizen und Lesezeichen |
| Die Sprechgeschwindigkeit kann nicht gesteuert werden |

Eine Übersicht der Sprachbefehle:

| Sprachbefehl | Ausführung |
|---|---|
| „Alexa, lese ‚Carrie' vor"<br>„Alexa, spiele das Buch ab, ‚Origins'"<br>„Alexa, spiele das Hörbuch ab, ‚Sakrileg'"<br>„Alexa, spiele ‚Es' über Audible" | In weiterer Folge startet Alexa mit dem Hörbuch. |
| „Alexa, anhalten" | Alexa stoppt. |
| „Alexa, mein Buch fortsetzen" | Das Hörbuch wird wieder vorgelesen. |
| „Alexa, vorspulen"<br>„Alexa, zurückspulen" | Das Hörbuch wird entweder um 30 Sekunden vor- oder zurückgespult. |
| „Alexa, nächstes Kapitel"<br>„Alexa, vorheriges Kapitel" | Alexa springt zum nächsten oder zum vorherigen Kapitel. |
| „Alexa, gehe zu Kapitel 7" | Das Hörbuch springt zu Kapitel 7. |
| „Neustart" | Das Kapitel wird erneut gestartet. |
| „Alexa, stelle den Einschlaf-Timer für 50 Minuten"<br>„Alexa, höre in 10 Minuten auf, das Buch zu lesen"<br>„Alexa, beende den Einschlaf-Timer" | Der Einschlaf-Timer wird aktiviert oder deaktiviert. |

## Mit Alexa Kindle eBooks lesen

Bitten Sie doch Alexa, dass Sie Ihnen Kindle eBooks aus der Bibliothek vorliest. Folgende Bücher sind für diesen Dienst zugelassen:

| |
|---|
| Bücher, die Sie im Kindle-Shop erworben haben |
| Bücher, die Sie sich in der Kindle-Leihbücherei ausgeliehen haben |
| Bücher, die Sie über Prime Reading oder Kindle Unlimited ausgeliehen haben |

1. Wählen Sie den Punkt „Musik und Bücher" aus.
2. Unter „Bücher" klicken Sie auf „Kindle".
3. Wählen Sie eines der zur Verfügung stehenden Geräte aus dem Menü, bevor Sie sich für einen Titel entscheiden.

Folgende Bücher werden nicht unterstützt:
Bilderbücher und Comics

**Die tägliche Zusammenfassung**
Sie können auch die tägliche Zusammenfassung nutzen und erhalten somit von Alexa zahlreiche Nachrichten und auch Inhalte der beliebtesten Broadcaster, Informationen über Wetterdaten und bekommen sogar Video-Zusammenfassungen (ausschließlich für Echo Show).

1. Wählen Sie den Menüpunkt „Einstellungen".
2. Scrollten Sie bis „Konten" und wählen Sie dann „Tägliche Zusammenfassung" aus.
3. Unter „Ein" können Sie in weiterer Folge die Nachrichtenprogramme der einzelnen Programme auswählen, die im Zuge der täglichen Zusammenfassung enthalten sein sollen. Noch mehr Möglichkeiten haben Sie über Skills, die Sie im Skill-Store finden.

| Sprachbefehl | Ausführung |
|---|---|
| „Alexa, was ist denn meine tägliche Zusammenfassung?"<br>„Alexa, was gibt es für Nachrichten?" | Alexa spielt die tägliche Zusammenfassung ab. |
| „Alexa, weiter"<br>„Alexa, zurück"<br>„Alexa, Abbrechen" | Mit diesen Befehlen können Sie die tägliche Zusammenfassung navigieren. |

**Sportnachrichten abrufen**

Sie können Alexa aber auch nach den Sportnachrichten fragen und sich so über aktuelle Ergebnisse informieren; zudem erhalten Sie auch zahlreiche Informationen über Ihre Lieblingsmannschaft.

Mit Amazon Echo können Sie Neuigkeiten über zahlreiche Teams erfahren; beachten Sie jedoch, dass die Anzahl jener Mannschaften begrenzt sind - die Begrenzung liegt bei 15 Teams.

„Alexa, gib mir ein Sport-Update“

Folgende Ligen werden unterstützt:

| |
|---|
| Englische Premiere League (EPL) |
| Football Association Challenge Cup (FA Cup) |
| Major League Baseball (MLB) |
| Major League Soccer (MLS) |
| National Basketball Association (NBA) |
| National Collegiate Athletic Association (NCAA) |
| National Collegiate Athletic Association (NCCA FBS Football) |
| National Football League (NFL) |
| National Hockey League (NHL) |
| Union of European Football Association (UEFA Champions League) |
| Women's National Basketball Association (WNBA) |
| Deutsche Bundesliga |
| 2. Deutsche Bundesliga |

So fügen Sie Ihren Lieblingsverein in der App hinzu:

1. Gehen Sie auf „Einstellungen“ und wählen Sie danach „Sportupdates“ aus.
2. Geben Sie nun den Mannschaftsnamen Ihres Lieblingsvereins in die Suchmaske ein; in weiterer Folge erhalten Sie Vorschläge.
3. Wählen Sie nun Ihren Verein aus, der nun ein Teil Ihrer Sportnachrichten ausmachen wird.
4. Sie wollen das Team wieder entfernen? Klicken Sie auf das „X", das sich neben dem Team befindet.

**Wie ruft man die Wettervorhersage ab?**

Mit Alexa können Sie auch die lokalen Wettervorhersagen abfragen. Dabei wird die Wettervorhersage aber nicht nur für Ihre Region präsentiert; die Wettervorhersage kann für jede internationale Stadt abgerufen werden. Fragen Sie nach dem Wetter, so greift die „Alexa“-App auf die Sieben-Tage-Vorhersage. Dabei nutzt die App AccuWeather.

| Sprachbefehl | Ausführung |
|---|---|
| „Alexa, wie ist das Wetter?“ „Alexa, zeige mir das Wetter?“ (ausschließlich für Echo Show) | Alexa wird in weiterer Folge das Wetter Ihres Standortes ansagen |
| „Alexa, wie wird das Wetter nächste Woche?“ „Alexa, wie wird das Wetter am Wochenende?“ „Alexa, wie wird das Wetter am 2. Dezember 2017?“ | Alexa beantwortet auch die Frage nach dem Wetter, wenn detailliert nach dem Tag gefragt wird. |
| „Alexa, wie ist das Wetter in Wien?“ „Alexa, wie ist das Wetter in New York?“ | Auch Wettervorhersagen für andere Städte sind möglich. |
| „Alexa, wird es morgen schneien?“ „Alexa, wird es morgen stürmisch?“ | Alexa kann auch nach widrigen Wetterverhältnissen gefragt werden. |

**Die Überprüfung der Verkehrslage**

Alexa verrät Ihnen auch die ungefähre Dauer und auch den schnellsten Weg zu Ihrer Arbeit.

Für dieses Feature müssen Sie den Startpunkt und auch den Ziel in Ihrer App eingegeben haben; nur so kann Alexa auch berechnen, wie lange Sie für den Weg benötigen.

1. Wählen Sie „Einstellungen“ im Menü.
2. Wählen Sie nun den Punkt „Verkehr“ aus.
3. Fügen Sie den Startpunkt und in weiterer Folge die Zieladresse ein.
4. Bestätigen Sie mit „Änderungen speichern“.
5. Möchten Sie einen Halt hinzufügen, können Sie das unter der Option „Halt hinzufügen“ machen.

| Sprachbefehl | Ausführung |
|---|---|
| „Alexa, wie ist der aktuelle Verkehr?“ „Alexa, wie ist der Weg zur Arbeit?“ „Alexa, wie sieht es mit dem Verkehr aus?“ | Alexa wird in weiterer Folge über die aktuelle Verkehrslage berichten. |

**Lokale Restaurants, Shops und lokale Geschäfte suchen**

Mit Alexa können Sie etwa Restaurants, Lokale oder Shops in Ihrer Nähe suchen. Dabei verwendet Alexa die Angaben aus Yelp, sodass Sie einen Überblick bekommen, welche Geschäfte und Restaurants in Ihrer unmittelbaren Umgebung sind.

| Sprachbefehl | Ausführung |
|---|---|
| „Alexa, welche Restaurants befinden sich in der Nachbarschaft?“ „Alexa, zeige mir Restaurants in der Nähe“ (nur mit Echo Show möglich) | Alexa sucht in weiterer Folge nach diversen Geschäften, Restaurants und Lokalen. |
| „Alexa, welche Restaurants sind gut bewertet?“ | Alexa präsentiert auch die am besten bewerteten Restaurants, Shops oder Lokale, die in Ihrer unmittelbaren Umgebung sind. |
| „Alexa, suche die Adresse des Restaurants ‚Asian Fire‘“ | Alexa wird in weiterer Folge die Adresse eines bestimmten Lokals oder Restaurants suchen. |
| „Alexa, suche die Telefonnummer des Shops ‚Magic Italian‘“ | Nun wird Alexa die Telefonnummer des Shops suchen und in weiterer Folge vorlesen. |
| „Alexa, die Öffnungszeiten von ‚Rossmann‘ in unmittelbarer Nähe“ | So erfahren Sie, ob der Drogeriemarkt noch offen hat. |
| „Alexa, wie weit ist es bis zum nächsten Aldi?“ „Alexa, hat Rossmann noch offen?“ „Alexa, wie ist die Telefonnummer von ‚Asian Fire?“ | Genau so kann man also nach Entfernungen, Öffnungszeiten oder auch der Telefonnummer fragen. |

**Wann beginnt die nächste Vorstellung des neuen Kinofilms?**

Alexa hilft Ihnen auch, wenn Sie wissen wollen, welche Filme gerade im Kino laufen oder wann die nächste Vorstellung ist.

Dabei verwendet Alexa einerseits die gespeicherte Adresse Ihres Standorts (siehe das Kapitel „Der Gerätestandort“) und greift andererseits auf die Datenbank von IMDb zu, sodass die Sprachassistentin Kinos und Filme finden kann. Zudem gibt Alexa auch Informationen über den Jugendschutz bekannt.

| Sprachbefehl | Ausführung |
|---|---|
| „Alexa, welche Filme spielt es gerade in der Nähe?“<br>„Alexa, zeige mir die Filme in der Umgebung“ (nur für Echo Show) | In weiterer Folge werden Sie erfahren, welche Kinofilme gerade im Kino zu sehen sind. |
| „Alexa, welche Filme laufen gerade in Berlin?“ | Alexa sucht nach allen Filmen, die gerade in den Berliner Kinos gezeigt werden. |
| „Alexa, welche Horrorfilme laufen gerade?“ | Nun sucht Alexa nach Horrorfilmen, die in Ihrer Nähe zu sehen sind. |
| „Alexa, um welche Zeit läuft ‚Spiderman‘?“<br>„Alexa, welche Filme laufen zwischen 15 Uhr und 18 Uhr?“<br>„Alexa, welche Filme spielt es am Wochenende?“ | Nun erhalten Sie detaillierte Informationen zum Kinoprogramm. |
| „Alexa, erzähle mir etwas über den Film ‚Jurassic World‘“ | Nun erfahren Sie zusätzliche Informationen (Regisseur, Inhalt, Laufzeit, Preise). |
| „Alexa, welche Filme werden im CinemaxX Berlin gezeigt?“<br>„Alexa, um welche Uhrzeit läuft ‚Spiderman‘ im CinemaxX Berlin?“<br>„Alexa, welche Filme sind am Wochenende im CinemaxX Berlin zu sehen?“ | Sie könne auch nach Vorstellungszeiten für ein bestimmtes Kino fragen! |

### Alexa kann man beliebig viele Fragen stellen

Sie wissen jetzt, dass man Alexa zahlreiche Fragen stellen kann - so etwa kann die digitale Sprachassistentin Fragen zum Wetter beantworten, die Verkehrslage beurteilen oder auch lustige Fragen beantworten (und noch lustigere Antworten geben) (siehe das Kapitel „Easter Eggs"). Aber Alexa beantwortet auch Fragen zu Erdkunde, Musik, Terminen, Personen oder auch Sport. Des Weiteren kann Alexa buchstabieren, Umrechnungen lösen, einfache Berechnungen durchführen und auch Wörter definieren.

| Kategorie | Fragen |
|---|---|
| Kategorie Personen | „Alexa, wer ist Adele?"<br>„Alexa, war Otto von Bismarck?" |
| Kategorie Termine | „Alexa, wann sind Weihnachtsferien?"<br>„Alexa, was passierte am 31. Oktober 1992?" |
| Kategorie Filme und Serien | „Alexa, wer spielte im Film ‚Jumanji' mit?"<br>„Alexa, in welchem Jahr kam die Serie ‚Malcolm mittendrin' ins Fernsehen?"<br>„Alexa, wer spielt James Bond in ‚Skyfall'?"<br>„Alexa, was ist der neueste Film von Tom Cruise?"<br>„Alexa, wer spielt in ‚Baywatch' die Hauptrolle?"<br>„Alexa, wie ist die IMDb-Bewertung für ‚Sharknado'?" |
| Kategorie Musik | „Alexa, wer singt das Lied ‚I am from Austria'?"<br>„Alexa, wer sind die Bandmitglieder von ‚Volbeat'?"<br>„Alexa, in welchem Jahr haben ‚Metallica' das erste Lied veröffentlicht?" |

| | |
|---|---|
| Kategorie Bildung | „Alexa, wie buchstabiert man Zurückweisung?“<br>„Alexa, wie lautet die Definition von Synonym?“<br>„Alexa, wie viele Megabit sind ein Gigabyte?“<br>„Alexa, wie viel ist 1 + 1?“ (Alexa kann addieren, subtrahieren, dividieren, multiplizieren, Quadratwurzelziehen, Fakultät berechnen und Potenzieren)<br>„Alexa, wie weit liegen Berlin und Stockholm voneinander entfernt?“<br>„Alexa, wie hoch liegt Paris?“<br>„Alexa, was ist der Breiten- und Längengrad von New York City?“<br>„Alexa, was ist die Hauptstadt von Chile?“<br>„Alexa, an welche Länder grenzt Russland?“ |
| Allgemeine Informationen | „Alexa, wie spät ist es in Moskau?“<br>„Alexa, wie viele Kalorien sind in einem BigMac?“<br>„Alexa, schlage ‚Mondfinsternis‘ bei Wikipedia nach“ |

**Timer und Wecker**

Bitten Sie Alexa mit Ihrer Stimme, mehrere Wecker oder Timer festzulegen. Jedes Alexa-Gerät verwendet den Wecker oder Timer unabhängig von anderen Alexa-Geräten. Richten Sie den Timer oder Wecker nur mit Ihrer Stimme ein; Sie können Timer und Wecker auch stornieren.

Beachten Sie bitte, dass es ein paar Alexa-fähige Produkte gibt, die keine Wecker- oder Timer-Funktion unterstützen! Unterstützt das Gerät Wecker und Timer, so klingeln Timer und Wecker auch dann, wenn das Gerät stummgeschaltet oder nicht per WLAN verbunden ist. Über die „Alexa“-App (siehe das Kapitel „Die „Alexa“-App“) können maximal 100 Wecker und Timer verwaltet werden!

**Verwenden Sie Erinnerungen**

Sie können auch Erinnerungen einstellen, diese durchsuchen oder am Ende auch stornieren, verwalten oder gänzlich neue Erinnerungen erstellen. Damit Sie eine Erinnerung einstellen können, müssen Sie „erinnere mich daran, Sabine am Sonntag um 15 Uhr abzuholen“, sagen. Ist die Zeit gekommen, so wird Sie Alexa an den Termin erinnern. Sie können aber auch vorhandene Erinnerungen verwalten und bearbeiten.

1. Wählen Sie zu Beginn im „Menü“ den Punkt „Notizen und Wecker“.
2. Suchen Sie im Dropdown-Menü das Gerät.
3. Klicken Sie auf den „Erinnerungen“-Reiter und lassen Sie sich den Status der eingetragenen Erinnerungen anzeigen.
4. Um eine neue Erinnerung zu speichern, klicken Sie auf „Erinnerung hinzufügen“.
5. Möchten Sie eine bestehende Erinnerung verwalten, klicken Sie auf „Als abgeschlossen markieren“ oder auf den Punkt „Erinnerung bearbeiten“.
6. Damit abgeschlossene Erinnerungen angezeigt werden, klicken Sie auf „Abgeschlossene anzeigen“.

**Die Verwaltung einer Liste**

Sie können To-do-Listen oder auch Einkaufslisten verwalten! Einen Zugriff haben Sie über Ihre Alexa-Geräte, die „Alexa“-App und auch über die Einkaufsliste auf der Amazon-Seite. Sie können die Listen von Drittanbietern ebenfalls verknüpfen, sodass Sie über die App zugreifen können. Jede Liste kann maximal 100 Elemente enthalten; jedes Listenelement kann maximal 256 Zeichen lang sein. Um einen Überblick zu bekommen, benötigt es keine Internetverbindung - die Listen stehen auch offline zur Verfügung, sofern Sie Ihre „Alexa“-App auf dem Tablet oder Smartphone verwenden.

„Alexa, füge Handcreme zu meiner Einkaufsliste hinzu“
„Alexa, setze Reifenwechsel auf meine To-do-Liste“
„Alexa, was setzt auf der Einkaufsliste?“

Über die „Alexa“-App können Sie folgendermaßen eine Liste erstellen:

1. Gehen Sie in das Menü und klicken Sie auf „Listen“.
2. Wählen Sie danach Ihre bevorzugte Liste aus.
3. Sie können nun ein Element hinzufügen - gehen Sie auf „Ein Element hinzufügen“, füllen Sie das Textfeld mit dem Inhalt und gehen Sie auf „Hinzufügen“.
4. Auf „Ein Element abschließen“ klicken Sie dann, wenn die Liste abgehakt werden soll.
5. Klicken Sie auf „Eintrag löschen“, wenn Sie diesen nicht mehr benötigen.

Öffnen Sie die Einkaufsliste in Ihrem Webbrowser und klicken Sie auf die Drucker-Funktion - so können Sie die Liste auch ausdrucken und mitnehmen.

**Nutzen Sie den Listendienst eines Drittanbieters und verknüpfen Sie diesen mit Alexa**

Selbstverständlich können Sie auch die To-do-Listen oder Einkaufslisten bei Drittanbietern erstellt haben, wobei das nicht bedeutet, dass diese nicht mit Alexa verknüpft werden können.

1. Öffnen Sie den Navigationsbereich auf der linken Seite.
2. Klicken Sie auf „Einstellungen“ und wählen Sie danach „Listen“ aus.
3. Gehen Sie auf „Verknüpfen“.
4. Geben Sie nun die Anmeldedaten für den externen Listendienst an oder erstellen Sie gleich ein neues Konto.
5. Folgen Sie nun den weiteren Anweisungen.

6. Wenn Sie auf „Trennen“ gehen, können Sie sich jederzeit vom externen Listenanbieter trennen.

**Die Kalenderfunktion**

Sofern Sie das Kalender-Konto mit Alexa verknüpfen, so können Sie immer wieder Ihre bevorstehenden Ereignisse überprüfen oder auch per Sprachbefehl neue Ereignisse hinzufügen.

Unterstützte Kalender-Konten können problemlos über die „Alexa“-App verknüpft werden. Folgende Kalender-Konten werden unterstützt:

Apple: iCloud Kalender
Google: G Suite- oder Gmail-Kalender
Microsoft: 365-Kalender/Outlook.com-Kalender

1. Öffnen Sie die „Alexa“-App und wählen Sie im Menü „Einstellungen“.
2. Wählen Sie nun „Kalender“ aus.
3. Wählen Sie das Kalender-Konto aus der Liste der Anbieter, die von Amazon Echo unterstützt werden.
4. Klicken Sie auf „Verknüpfen“ und beachten Sie die nachfolgenden Bildschirmanweisungen.

Wurde der Kalender verknüpft, so können Sie neue Ereignisse hinzufügen oder bereits eingetragene Termine überprüfen oder löschen.

| Sprachbefehl | Ausführung |
|---|---|
| „Alexa, was ist das nächste Ereignis?“<br>„Alexa, was ist in meinem Kalender eingetragen?“ | Alexa befasst sich nun mit den tagesrelevanten Ereignissen. |
| „Alexa, was steht für morgen 12 Uhr im Kalender?“<br>„Alexa, was steht am 12. November 2017 im Kalender?“ | So können Sie Alexa nach bestimmten Ereignissen an einem bestimmten Tag oder zu einer bestimmten Uhrzeit fragen. |

| | |
|---|---|
| „Alexa, füge dem Kalender Sabine Italiener, 12 Uhr, Freitag, 12. Dezember, hinzu“ | Mit einem derartigen Sprachbefehl können Sie ein Ereignis hinzufügen. |
| „Alexa, zeige mir den Kalender“ (nur für Echo Show) | Alexa zeigt nun den Kalender |
| „Alexa, lösche den Termin um 14 Uhr“<br>„Alexa, lösche alle Termine am 12. Dezember 2017“ | Alexa löscht nun die Ereignisse. |

**Der Office 365-Kalender**

Wenn Sie den Office 365-Kalender mit Alexa verknüpfen, so können Sie Ihre Ereignisse und Termine noch besser verwalten. Unterstützt wird das Office 365-Firmenkonto mit den Exchange Online-Postfächern.

Beachten Sie, dass die Termine aus den Konten, die mit Alexa verknüpft werden, alle anderen Personen ebenfalls zur Verfügung stehen, die dasselbe Gerät verwenden. Zudem können Sie nur einen Microsoft-Kalender verknüpfen. Office 365-Konten werden nicht unterstützt, sofern sie nicht zu 100 Prozent in der sogenannten 365-Cloud (Hybrid Exchange) sind. Auch Konten auf den Exchange-Servern, die von einer Firewall geschützt werden (on-premises Exchange), werden nicht unterstützt.

**Der iCloud-Kalender**

Natürlich können Sie auch den iCloud-Kalender mit Alexa verknüpfen. Um den Verknüpfungsprozess abzuschließen, müssen Sie Apples Zwei-Faktor-Authentifizierung aktivieren und in weiterer Folge verwenden. Aus diesem Grund müssen Sie immer das Passwort ihres Apple-Kontos und auch den dazugehörigen Verifizierungscode eingeben, wenn sie auf Kontoinformationen zugreifen möchten. Sie können jedoch im Zuge der Zwei-Faktor-Authentifizierung ein appspezifisches Passwort erstellen.

Die Aktivierung der Zwei-Faktor-Authentifizierung für iOS-Geräte (iPod touch, iPad, iPhone):

1. Öffnen Sie zu Beginn „Einstellungen“ auf dem Gerät.
2. Wählen Sie den Namen am oberen Bildschirmrand, sodass Sie einen Zugriff auf die iCloud-Kontoinformationen bekommen.
3. Wählen Sie nun den Punkt „Passwort und Sicherheit“.

4. Klicken Sie auf „Zwei-Faktor-Authentifizierung einschalten“ und danach auf „Weiter“. Nun können Sie gefragt werden, ob Sie eine Sicherheitsfrage zur Apple ID beantworten und/oder die Anmeldung auf dem aktuellen Gerät gestatten wollen.
5. Bestätigen Sie in weiterer Folge oder hinterlegen Sie eine Telefonnummer und wählen Sie danach aus, ob Sie den Verifizierungscode per Anruf oder Textnachricht bekommen wollen. Gehen Sie danach auf „Weiter“.
6. Sie erhalten einen Verifizierungscode. Aufgrund der Tatsache, dass Sie den Code im nächsten Abschnitt benötigen, sollten Sie diesen notieren oder kopieren. Klicken Sie auf „OK“, so kann der Code nicht neuerlich angezeigt werden.
7. Geben Sie nun den Code ein, sodass das Gerät verifiziert wird.

Die Aktivierung der Zwei-Faktor-Authentifizierung für Mac-Geräte (Laptop oder Computer):

1. Zu Beginn müssen Sie das Apple-Menü öffnen.
2. Gehen Sie auf „Systemeinstellungen“, dann auf „iCloud“ und „Kontodetails“.
3. Klicken Sie auf „Sicherheit“.
4. Klicken Sie auf „Zwei-Faktor-Authentifizierung einschalten“ und danach auf „Weiter“. Mitunter werden Sie nun gefragt, ob Sie eine Kreditkarte zum Apple-Konto hinzufügen wollen; Sie werden auch nach der Sicherheitsfrage zur Apple-ID gefragt oder erhalten die Frage, ob dem Gerät gestattet werden soll, sich anzumelden.
5. Bestätigen Sie in weiterer Folge oder hinterlegen Sie eine Telefonnummer und wählen Sie danach aus, ob Sie den Verifizierungscode per Anruf oder Textnachricht bekommen wollen. Gehen Sie danach auf „Weiter“.
6. Sie erhalten einen Verifizierungscode. Aufgrund der Tatsache, dass Sie den Code im nächsten Abschnitt benötigen, sollten Sie diesen notieren oder kopieren. Klicken Sie auf „OK“, so kann der Code nicht neuerlich angezeigt werden.
7. Geben Sie nun den Code ein, sodass das Gerät verifiziert wird.

Wurde die Zwei-Faktor-Authentifizierung aktiviert, so besteht die Möglichkeit eines appspezifischen Passworts, das Sie immer dann verwenden können, wenn Sie sich über die „Alexa“-App bei iCloud anmelden möchten. Das appspezifische Passwort unterscheidet sich von Ihrem personalisierten Passwort - appspezifische Passwörter können auch nur einmal verwendet werden.

1. Gehen Sie im Browser auf die Seite https://appleid.apple.com.
2. Geben Sie Ihre Apple-ID und das Passwort an. In weiterer Folge werden Sie dazu aufgefordert, die Anmeldung vom Gerät aus zu erlauben; nun bekommen Sie den Verifizierungscode. Den Code

benötigen Sie im weiteren Abschnitt, sodass Sie diesen notieren oder kopieren sollten.

3. Nachdem Sie sich angemeldet haben, gehen Sie auf den Punkt „Sicherheit“. Danach wechseln Sie in den „App-spezifische Passwörter“-Abschnitt und klicken auf „Passwort erzeugen“.
4. Geben Sie nun die Beschriftung für das Passwort ein und wählen Sie „Erstellen“, sodass es zur Generierung Ihres Passworts kommt.
5. Nun benötigen Sie das Passwort von Schritt 3.

**Über die „Alexa“-App bei iCloud anmelden**

Wurde ein appspezifisches Passwort erstellt, so können Sie wieder zur „Alexa“-App zurückkehren, das Passwort eingeben und somit den Verknüpfungsprozess abschließen.

1. Starten Sie die „Alexa“-App.
2. Öffnen Sie „Einstellungen“, dann „Kalender“ und „Apple“ und gehen Sie auf „Weiter“.
3. Geben Sie nun die Apple-ID und das appspezifische Passwort ein.
4. Gehen Sie auf „Anmelden“.

**Treten Probleme auf?**

Sind im Zuge der Verknüpfung Schwierigkeiten aufgetreten, so können folgende Lösungsansätze mitunter hilfreich sein:

Auf iOS-Geräten, die die Softwareversion ab 10.3.1 enthalten, funktioniert die Zwei-Faktor-Authentifizierung mitunter schneller. Sie sollten den Prozess daher vom iOS-Gerät und nicht über den Laptop oder Computer ausüben. Die Softwareversion kann unter „Einstellungen“, „Allgemein“, „Software-Update“ überprüft werden.

Überprüfen Sie zudem die Systemanforderungen:

| |
|---|
| Für iOS-Geräte (iPad, iPod touch, iPhone) benötigen Sie die Version iOS 9.0 (oder höher) |
| Für Mac-Computer oder Mac-Laptops benötigen Sie iTunes 12.3 (oder höher) und OS X El Capitan |
| Für einen Windows-PC benötigen Sie iCloud für Windows v5 und auch iTunes 12.3.3 (oder höher) |
| Für die Apple Watch benötigen Sie watchOS 2 (oder neuer) |

Sie können auch das Passwort zurücksetzen. Auch diese Möglichkeit kann mitunter zur Problemlösung beitragen.

1. Öffnen Sie „Einstellungen".
2. Wählen Sie den Namen am Bildschirmrand und greifen Sie sodann auf die iCloud-Kontoinformationen zu.
3. Gehen Sie auf „Passwort und Sicherheit".
4. Wählen Sie „Passwort ändern" und geben Sie ein neues Passwort ein.

**IFTTT - If This Then That**

Alexa unterstützt den Drittanbieter-Dienst IFTTT - also „If This Then That". So kann das Zusammenwirken von Apps, Webseiten und Geräten anhand diverser Regeln (sogenannte „Applets") automatisiert werden. Haben Sie ein Applet aktiviert, so löst Alexa das IFTTT-Applet in weiterer Folge aus, sofern Sie mit dem Alexa-Produkt interagieren.

Fordern Sie bei Alexa die Einkaufsliste an, so bekommen Sie eine E-Mail, die als Anlage die Einkaufsliste enthält! Haben Sie eine Aufgabe auf der To-do-Liste abgeschlossen, wird IFTTT die Erledigung twittern - Ihre Follower wissen also, dass Sie fleißig waren.

Erstellen Sie selbst neue Applets oder wählen Sie Applets von IFTTT-Benutzern aus.

1. Zu Beginn rufen Sie den Amazon Alexa-Channel auf: https://ifttt.com/amazon_alexa
2. Klicken Sie auf „Sign in"; haben Sie noch kein IFTTT-Konto, so klicken Sie auf „Sign up"
3. Gehen Sie nun auf „Connect"
4. Melden Sie sich beim Amazon-Konto an und stellen Sie eine Verbindung zu dem IFTTT-Konto her.

Doch was ist IFTTT genau?

Mit dem IFTTT-Dienst können Sie Alexa und die Lautsprecher von Amazon Echo mit den unterschiedlichsten Web-Services koppeln - auch dann, wenn diese gar nicht mit der digitalen Sprachassistentin kompatibel sind. So können Sie die Funktionen von Alexa definitiv erweitern - plötzlich wird aus einem Gerät, das sehr viele Funktionen mit sich bringt, ein Gerät, das schier unendliche Funktionen bietet.

Sie wollen den Titel des gerade gehörten Songs per Sprachsteuerung in eine Tabelle von Google eintragen? Die Smart Home-Beleuchtung (siehe das Kapitel „Smart Home-Geräte mit Alexa steuern") soll in eine Art Partymodus umfunktioniert werden oder Sie möchten ein Produkt auf Ihren Einkaufszettel hinzufügen? Mit dem IFTTT-Dienst ist das alles kein Problem mehr!

## Auch in Deutschland steht der IFTTT-Dienst zur Verfügung

Auch wenn die IFTTT-Webseite ausschließlich in englischer Sprache zur Verfügung steht, so gibt es den Dienst - seit 10. Februar 2017 - auch für deutsche Kunden. Nun können auch Amazon Echo-Besitzer aus Deutschland, die wohl noch nie mit dem Dienst etwas zu tun hatten, die Vorteile genießen und die Funktionen von Alexa erweitern. Alexa kann also - dank dem IFTTT-Dienst - zur Schaltzentrale werden und Ihre Befehle empfangen und in weiterer Folge ausführen.

## Bestellungen aufgeben

Sie können Alexa auch auffordern, Bestellungen für Prime-Artikel und für Musik aufzugeben. Stellen Sie eine sprachliche Anfrage, die in weiterer Folge eine Kaufabsicht darstellt, durchsucht Alexa zu Beginn die Kaufoptionen. Hier gibt es einerseits den Bestellverlauf und prime-fähige Artikel. Ist ein Artikel verfügbar, so nennt Alexa den Namen des Produkts und auch den Preis. Des Weiteren teilt Alexa auch mit, wie viel Tage der Versand in Anspruch nehmen wird, sofern es sich nicht um den Prime-Versand handelt. Alexa wird Sie in weiterer Folge um Bestätigung oder Stornierung bitten.

Um physische Produkte von Amazon bestellen zu können, benötigen Sie entweder die 30-tägige Probemitgliedschaft oder die jährliche Mitgliedschaft bei Amazon Prime, ein Amazon-Konto, ein Gerät mit Alexa Voice Service und Sie müssen auch die 1-Click-Zahlungsart aktiviert haben.

## Die Verwaltung des Spracheinkaufs

Haben Sie das Alexa-Gerät registriert, so ist der Einkauf per Sprachbefehl standardmäßig eingeschaltet. Folgendermaßen können Sie die Einstellungen aktualisieren („Alexa"-App):

1. Wählen Sie „Einstellungen".
2. Klicken Sie auf „Einkauf per Stimme" und entscheiden Sie sich dann für eine der nachfolgenden Aktualisierungen: Spracheinkauf, Bestätigungscode anfordern, 1-Click-Einstellungen.

Spracheinkauf:
Sie können unter Verwendung des Schalters den Spracheinkauf aktivieren oder deaktivieren.
Bestätigungscode anfordern:
Sie entscheiden sich für einen vierstelligen Code und gehen dann auf „Änderungen speichern"; bevor Alexa den Einkauf abschließt, müssen Sie den Code sagen, der nicht im Dialogverlauf gespeichert wird.
1-Click-Einstellungen:
Sie können die 1-Click-Zahlungsart und auch die Rechnungsadresse auf der Amazon Seite aktualisiert.

**Prime-berechtigte Produkte**

Mit Alexa können Sie natürlich auch Prime-fähige Artikel aus dem Amazon-Prime-Katalog oder auch aus dem Bestellverlauf ordern. Bevor Sie jedoch einen Prime-Artikel benötigen, müssen Sie folgende Voraussetzungen erfüllen:

| |
|---|
| Sie benötigen entweder die 30-tägige Probemitgliedschaft oder besitzen schon die einjährige Prime-Mitgliedschaft |
| Eine deutsche Lieferadresse |
| Der Spracheinkauf in der „Alexa“-App ist aktiviert |
| Sie haben eine deutsche Rechnungsadresse hinterlegt |
| Das Gerät hat einen Alexa Voice Service-Zugang |

Geben Sie eine Bestellung über Alexa auf, so verwendet diese die Standard-Zahlungsart und auch die hinterlegte Lieferadresse, die sich in Ihrer 1-Click-Einstellung befindet.

| Sprachbefehl | Ausführung |
|---|---|
| „Alexa, [Artikel Ihrer Wahl] bestellen“ | Alexa sucht nach dem gewünschten Artikel. |
| „Alexa, ja“ | Sofern das Produkt, das Alexa vorschlägt, richtig ist. |
| „Alexa, nein“ | Das Produkt, das Alexa vorgeschlagen hat, war falsch. |
| „Alexa, [Name des Artikels] erneut bestellen“ | Alexa sucht nach dem gewünschten Artikel, der schon einmal von Ihnen bestellt wurde. |
| „Alexa, ja“ | Sofern das Produkt, das Alexa vorschlägt, richtig ist. |

| | |
|---|---|
| „Alexa, nein“ | Das Produkt, das Alexa vorgeschlagen hat, war falsch. |
| „Alexa, füge [Artikel] zum Einkaufswagen hinzu“ | Alexa fügt das Produkt in den Einkaufswagen. |
| „Alexa, storniere meine Bestellung“ | Die Bestellung wird storniert, nachdem Sie diese aufgegeben haben. |

Die Nachverfolgung offener Bestellungen

Haben Sie mehrere Bestellungen aufgegeben, so teilt Ihnen Alexa jene Bestellung mit, die als nächstes eintreffen wird.

| Sprachbefehl | Ausführung |
|---|---|
| „Alexa, wo ist meine Bestellung?“<br>„Alexa, verfolge meine Bestellung“ | Alexa wird in weiterer Folge über den aktuellen Status der Bestellung berichten. |

Über Alexa können Sie auch Bestellungen stornieren.

***Smart Home-Geräte mit Alexa steuern***

Besitzen Sie ein Smart Home-Gerät, so können Sie dieses ebenfalls über Alexa steuern.

Folgende Geräte sind mit Alexa kompatibel:

**Steckdosen und Schalter**

| |
|---|
| Wemo Smart Plug |
| Wemo Switch |
| Homematic IP Schalt-Mess-Steckdose |
| TP-Link WLAN Steckdose |

**Beleuchtungsmittel**

| |
|---|
| Philips Hue Color E27 Starter Set |
| Philips Hue Color GU 10 Starter Set |
| Philips Hue White E27 Starter Set |
| Lifx B22 LED Lampe |

**Thermostate**

| |
|---|
| Honeywell Funkraumthermostat |
| Homematic IP Starter Set Klima |
| Tado Smartes Thermostat |

**Kameras**

| |
|---|
| Ring Video Türklingel |
| Nest Cam Kamera |
| Logitech Kamera |

**Was Sie beachten müssen, bevor Sie Alexa mit Smart Home-Geräten verbinden**

1. Stellen Sie zunächst sicher, dass die Smart Home-Geräte, die verbunden werden sollen, auch kompatibel sind.
2. Errichten Sie die Smart Home-Geräte mit der dazugehörigen Hersteller-App ab und verbinden Sie das Gerät mit demselben WLAN-Netzwerk, mit dem auch Alexa verbunden wird.
3. Laden Sie die „Alexa"-App runter - nutzen Sie hier den Webbrowser oder Ihr Mobilgerät.
4. Laden Sie die neuesten Software-Updates runter und installieren Sie diese.

Nun können Sie die Smart Home-Geräte mit Alexa verbinden!

1. Gehen Sie in die „Alexa“-App.
2. Wählen Sie „Skills“.
3. Suchen Sie den passenden Skill für das Gerät und klicken Sie dann auf „Skill aktivieren“.
4. Befolgen Sie die weiteren Anweisungen am Bildschirm.
5. Sagen Sie Alexa, dass Sie das Gerät suchen soll und fügen Sie das Gerät danach hinzu.

Smart Home-Geräte können aber auch einen Skill gefunden werden.

Philips Hue-Geräte: Sind diese Geräte mit der V1 Hue Bridge verbunden, drücken Sie die Taste auf der Bridge; erst danach können Sie Alexa den Suchbefehl erteilen.

**Die Erstellung einer Smart Home-Gerätegruppe**

Mittels Smart Home-Gerätegruppe können mehrere Smart Home-Geräte verwalten.

1. Öffnen Sie den Bereich „Smart Home“.
2. Wählen Sie nun „Gruppen“ aus.
3. Klicken Sie auf „Gruppe hinzufügen“ und entscheiden Sie sich dann für einen Gruppe-Typ (Smart Home-Gruppe: Sie aktivieren oder deaktivieren die Geräte; Multiroom Musikgruppe: Sie können Musik von mehreren Sendern streamen).
4. Geben Sie der Gerätegruppe einen Namen oder entscheiden Sie sich für eine vorgegebene Bezeichnung; Tipp: Sie müssen einen Namen vergeben, der auch nachvollziehbar ist, sodass Sie am Ende auch einen Überblick haben, welche Geräte in der Gruppe gesteuert werden.
5. Wählen Sie in weiterer Folge die Geräte aus, die Sie in der Gruppe haben möchten.

Sie können die Gerätegruppe aber auch nachträglich bearbeiten!

1. Öffnen Sie die „Alexa“-App.
2. Wählen Sie „Smart Home“.
3. Wählen Sie die zu bearbeitende Gruppe aus.
4. Bearbeiten Sie nun den „Gruppennamen“ oder fügen Sie neue Geräte hinzu oder entfernen Sie in der Gruppe befindliche Geräte; Sie können eine Gerätegruppe auch zur Gänze löschen.

**Die Sprachsteuerung**

Mittels einfacher Sprechbefehle können Sie die Smart Home-Geräte natürlich auch über Alexa steuern.

| Sprachbefehl | Ausführung |
|---|---|
| „Alexa, schalte [das jeweilige Smart Home-Gerät / die Gruppe] ein“<br>„Alexa, schalte [das jeweilige Smart Home-Gerät / die Gruppe]aus“ | In weiterer Folge werden die Geräte ein- oder ausgeschalten (Ausnahme: Kameras) |
| „Alexa, schalte [Gruppenname / Szene] ein“<br>„Alexa, schalte [Gruppenname / Szene] aus“ | Szenen werden ein- oder ausgeschalten. |
| „Alexa, lege [Smart Home-Gerät / Gruppe] auf Helligkeit [Wert] fest“<br>„Alexa, erhelle [Smart Home-Gerät / Gruppe]“<br>„Alexa, dimme [Smart Home-Gerät / Gruppe]“ | In weiterer Folge stellt Alexa die gewünschte Helligkeit ein. |
| „Alexa, schalte das Licht auf Grün“<br>„Alexa, schalte das Licht auf Weiß“<br>„Alexa, mache das Licht wärmer“<br>„Alexa, mache das Licht kälter“ | Alexa wird nun die Farbe und auch die Weißtöne festlegen |
| „Alexa, stelle die Temperatur [Smart Home-Gerät / Gruppenamme] auf [Grad] ein“<br>„Alexa, verringere die Temperatur von [Smart Home-Gerät / Gruppenname]“ | Alexa steuert nun den Thermostat |
| „Alexa, wie hoch ist die Temperatur im Schlafzimmer?“<br>„Alexa, wie ist der Thermostat eingestellt?“ | Alexa kann auch zur aktuellen Temperaturen oder zu den bestehenden Einstellungen befragt werden. |

| | |
|---|---|
| „Alexa, stelle den Schlafzimmerventilator auf [Wert]“ | Der Schlafzimmerventilator wird in weiterer Folge auf den gewünschten Wert eingestellt. |
| „Alexa, ist die Eingangstüre abgeschlossen?“ | Auch die Überprüfung des Türschlosses ist möglich. |
| „Alexa, schließe die Eingangstür“ | Nun verschließt Alexa die Tür. |

**Die Verwendung der Smart Home-Kamera**

Haben Sie die Smart Home-Kamera mit Amazon Echo verbunden, so können Sie nun per Sprachbefehl auf Amazon Fire TV-Geräte und auch auf den Live Kamera-Feed zugreifen. Mit folgenden Geräten können Sie sich den Live Kamera-Feed ansehen:

Amazon Fire TV
Alle Fire Tablets (jedoch erst ab der 4. Generation)
Fire TV Stick (ab der 2. Generation)
Zudem können Sie Echo- und auch Echo Dot-Geräte nutzen, damit Sie den Kamera-Feed auf dem Fire TV sehen können. Für diesen Vorgang müssen Sie die Geräte mit der „Alexa“-App verbinden.

Damit Sie Ihre Smart Home-Kamera mit Alexa steuern können, müssen Sie die App auf der Homepage des Herstellers runterladen und in weiterer Folge installieren; nun muss die Kamera mit dem Internet verbunden werden. Hier ist es ratsam, wenn Sie dasselbe WLAN-Netzwerk nutzen, in dem sich auch Alexa, die Fire TV-Geräte oder auch das Fire-Tablet befinden.

1. Wählen Sie den Punkt „Einstellungen“.
2. Suchen Sie nach dem passenden Skill für die Kamera und gehen Sie danach auf „Aktivieren“.
3. Folgen Sie nun den weiteren Anweisungen, die auf dem Bildschirm erscheinen.
4. Gehen Sie nun auf „Gerät hinzufügen“; so kann Alexa die Kamera finden.

Sie können die Kamera anzeigen oder auch verbergen:

Auf Echo Dot- und Echo-Geräten:
Sprechen Sie Ihr Aktivierungswort und binnen Sie in weiterer Folge Alexa, dass Sie die Kamera anzeigen soll. Alexa wird nun den Kamera-Feed anzeigen.

Auf Amazon Fire TV-Geräten:
Halten und drücken Sie die „Sprach"-Taste auf der Fire TV-Fernbedienung oder auch auf der Fernbedienungs-App und sagen Sie Alexa, sie soll die Kamer anzeigen. Der Kamera-Feed wird nun auf dem TV-Bildschirm angezeigt.

Auf Fire-Tablets:
Halten und drücken Sie die „Startseite"-Taste; es erscheint der blaue Ring. Nun sagen Sie Alexa, sie soll den Kamera-Feed anzeigen. Nun wird der Kamera-Feed auf dem Tablet angezeigt.

| Sprachbefehl | Ausführung |
|---|---|
| „Alexa, zeige [Name der Kamera]"<br>„Alexa, zeige die Kamera [Name der Kamera]" | In weiterer Folge zeigt Alexa den Kamera-Feed an. |
| „Alexa, verberge [Name der Kamera]"<br>„Alexa, Stopp"<br>„Alexa, stoppe die Kamera [Name der Kamera]"<br>„Alexa, gehe auf die Startseite" | Der Kamera-Feed wird von Alexa verborgen. |

**Sicherheitsinformationen**

Bitte beachten Sie folgende Richtlinien, wenn Sie Smart Home-Geräte mittels Spracherkennung nutzen:

Geräte und Dienste, die mit Alexa verbunden wurden, können von jeder Person gesteuert werden, die direkt mit Alexa spricht. Das heißt, dass auch Schlösser, Haushaltsgeräte oder auch Garagentore von Dritten manipuliert werden können - folgen Sie daher den Richtlinien, sodass die größtmögliche Sicherheit bewahrt werden kann:

Folgen Sie den Anweisungen und auch den empfohlenen Nutzungen für alle Smart Home-Geräte
Bestätigen Sie immer, ob die Aktion auch ausgeführt worden ist, nachdem Sie den Sprachbefehl getätigt haben
Unternehmen Sie zudem auch Schritte, damit die Sicherheit des Gerätes und auch die sichere Nutzung des Produktes sichergestellt werden kann.
**Die „Alexa"-App**

Zu Beginn - die „Alexa"-App ist zu 100 Prozent kostenfrei. Mit der App können Sie die digitale Sprachassistentin nutzen, sodass Amazon Echo zum absoluten Highlight wird. Verwalten Sie Ihre Musik (siehe das Kapitel „So können Sie Ihre Musik anhören"), Wecker oder Timer (siehe das Kapitel „Timer und Wecker") und auch Ihre Einkaufslisten (siehe das Kapitel „Die Verwaltung einer Liste")- all das ist nur per Sprachbefehl möglich!

Hinweis: Die „Alexa"-App kann ausschließlich aus deutschen App-Stores runtergeladen werden!

Kompatibilität:

Android 4.4 (oder höher)
iOS 8.0 (oder höher)
Fire OS 3.0 (oder höher)

Sie können die App auch mit dem Computer runterladen; benutzen Sie hier einen der folgenden Browser:

Chrome
Firefox
Safari
Internet Explorer (10 oder höher)
Microsoft Edge

**Grundlagen**
Sie finden auf der Startseite Funktions-Aktivitäten und auch Alexa-Interaktionen.

Startseite
Scrollen Sie nun durch die „Karten", wenn Sie eine Beschreibung der Alexa-Interaktionen möchten.

Unterhaltungen
Verwaltung und Zugriff auf Anrufe und Nachrichten.

Aktuelle Wiedergabe
Zugriffe und Ansicht auf Wiedergabe von Medien und Musik, Zusammenfassung und Anzeige der Wiedergabelisten des Verlaufs.

Hilfe und Feedback
Hier erhalten Sie eine ausführliche Hilfe für Ihr Gerät; zudem können Sie auch Feedback über Ihre gemachten Erfahrungen abgeben.

Musik und Bücher
Finden Sie Media-Dienste und -Inhalte (Kindle, Musik, Hörbücher, eBooks), auf die Sie in weiterer Folge mit dem kompatiblen Gerät zugreifen können.

Listen
Hier finden Sie Ihre To-Do- und Einkaufslisten, die Sie in weiterer Folge auch verwalten können.

Erinnerungen und Wecker
Stellen Sie Wecker und/oder Timer ein und verwalten Sie diese in weiterer Folge.

Skills
Suchen und aktivieren Sie Ihre persönlichen genutzten Skills.

Smart Home
In diesem Bereich können Sie die Smart Home-Geräte verwalten; Sie können auch Einstellungen innerhalb der Gerätegruppen vornehmen.

Dinge zum Ausprobieren
Hier finden Sie zahlreiche Beispielformulierungen, die Ihnen dabei helfen werden, wenn Sie auf der Suche nach der Formulierung einer Frage sind.

Einstellungen
Steuerung und Zugriff aller Alexa-Geräte; hier finden Sie auch die Kontoeinstellungen.

**Die Einstellungen im Detail**
Sie können natürlich alle Funktionen innerhalb der „Alexa"-App anpassen - die Einstellungen können unter dem Bereich „Einstellungen" geändert werden.

WLAN aktualisieren
Hier können Sie das WLAN-Netzwerk einrichten und in weiterer Folge auch aktualisieren.

Bluetooth
In diesem Bereich können Sie die Bluetooth-Pairing-Optionen verändern.

Fernbedienung koppeln (ausschließlich für Echo-Geräte)
Trennen oder koppeln Sie Ihre Sprachfernbedienung für Amazon Echo.

Drop-In
Sie können Drop-In-Berechtigungen festlegen.

Töne
Verwalten Sie Ihre eigenen Töne, die das Gerät macht, wenn Sie mit Alexa Kontakt aufnehmen; zudem können Sie die Töne für diverse Funktionen - so etwa für Benachrichtigungen oder den Timer – anpassen.

Gerätename
Ändern Sie den Namen Ihres Gerätes; eine Umbenennung macht etwa dann Sinn, wenn Sie mehrere Alexa-Geräte verwenden.

Gerätestandort

Fügen Sie die Adresse hinzu; in weiterer Folge können Sie Informationen zum Wetter, zur aktuellen Uhrzeit, zu Vorstellungszeiten für Kinofilme oder auch zu Restaurants erhalten, die sich in der Umgebung befinden.

Die Zeitzone
Hier können Sie die Zeitzone des Geräts verändern.

Aktivierungswörter
Verwalten oder verändern Sie das voreingestellte Aktivierungswort.

Sprache
Verwalten Sie in diesem Bereich die Spracheinstellungen.

Temperatur-Einheiten
Sie können sich Fahrenheit oder auch Celsius anzeigen lassen.

Entfernungs-Einheiten
Lassen Sie Entfernungen in Kilometer oder Fuß/Meilen anzeigen.

Das Gerät ist registriert für
Hier erhalten Sie einen Überblick über den aktuellen Anmeldestatus.

Geräte-Software-Version
In diesem Bereich erfahren Sie, welche derzeitige Software-Version vorhanden ist.

Seriennummer
Die Seriennummer des Geräts.

MAC-Adresse
Die MAC-Adresse des Geräts.

***Weitere Kontoeinstellungen***
Benachrichtigungen
Verwalten Sie hier die Benachrichtigungseinstellungen der unterstützten Funktionen.

Musik und Medien
Verbinden Sie die kompatiblen Medien- und Musik-Dienste mit dem Alexa-Gerät.

Tägliche Zusammenfassung
Wählen Sie einen Nachrichten-Anbieter und auch die Inhalte, die Sie im Zuge der täglichen Zusammenfassung hören wollen.

Sportnachrichten
Fügen Sie hier Ihre Lieblingsmannschaft ein und freuen Sie sich über aktuelle Nachrichten und auch Ergebnisse der letzten Spiele.

Verkehr
Erhalten Sie Informationen über die aktuelle Verkehrslage; hier müssen Sie jedoch im Vorfeld Ihren Standort und das Ziel eingeben.

Kalender
Verknüpfen Sie den Kalender mit Alexa und freuen Sie sich über Erinnerungen der bevorstehenden Termine oder Ereignisse.

Listen
Hier verwalten Sie Ihre To-Do-Listen oder auch Einkaufslisten.

Einkaufen per Sprachbefehl
Aktivieren Sie den Spracheinkauf, sodass Sie in weiterer Folge physische Produkte bei Amazon kaufen können.

Haushaltsprofile
Sie können einen Amazon-Haushalt einrichten oder auch Mitglied eines schon bestehenden Haushaltes werden.

Verlauf
Hier können Sie die Sprachinteraktionen ansehen und auch verwalten.

Über die App
Hier finden Sie Informationen zur Version der „Alexa"-App.

Abmelden
Hier melden Sie sich ab.

**Der Gerätestandort**

Alexa nutzt die hinterlegte Adresse für die aktuelle Uhrzeit, Wettervorhersagen oder den Verkehr, nutzt den Standort aber auch, wenn Sie auf der Suche nach Lokalen oder Restaurants sind, die sich in der unmittelbaren Umgebung befinden.

Der Speicherort kann folgendermaßen geändert werden:

1. Gehen Sie in das Menü und wählen Sie „Einstellungen".
2. Wählen Sie nun Ihr Gerät aus.
3. Klicken Sie auf „Gerätestandort" und wählen Sie „Bearbeiten".
4. Nun können Sie eine neue Adresse eingeben - gehen Sie danach auf „Weiter".

**Standortänderung auf Echo Show**

1. Geben Sie den Befehl „Gehe zu Einstellungen“ oder wählen Sie auf dem Bildschirm „Einstellungen“ aus.
2. Gehen Sie nun auf „Geräteoptionen“.
3. Wählen Sie den Punkt „Gerätestandort“.
4. Nun können Sie die neue Adresse eingeben.

**Die Haushaltsprofile**

Mittels der Haushaltsprofile können Sie auch weitere Erwachsene zum Haushalt von Amazon hinzufügen, sodass dieser einen Zugriff auf alle Inhalte und Funktionen hat und diese in weiterer Folge auch verwalten kann. Das heißt, dass jene Personen, die sich im Haushaltsprofil befinden, Musiktitel hochladen oder auch Hörbücher hören können. Zudem können auch diverse Inhaltskäufe mit den anderen Mitgliedern im Haushaltsprofil geteilt werden; auch Medien-Apps oder Amazon-Geräte können geteilt werden.

**Das Hinzufügen eines Benutzers zum Haushaltsprofi**

Sie müssen zuvor sicher sein, dass die Person, die Sie zum Haushaltsprofil hinzufügen wollen, auch anwesend ist!

1. Wählen Sie in Ihrer „Alexa“-App die Option „Einstellungen“.
2. In weiterer Folge gehen Sie in den Bereich „Konto“ und wählen den Eintrag „Haushaltsprofil“ aus.
3. Nun müssen Sie die Anweisungen befolgen; diese richten sich vorwiegend an die Person, die nun ein Teil Ihres Haushaltsprofils werden soll, sodass Sie Tablet, Laptop oder Telefon derjenigen Person geben sollten, sodass diese ihre Kontoinformationen einträgt.

**Das Entfernen aus dem Haushaltsprofil**

Soll ein Nutzer aus dem Haushaltsprofil entfernt werden, so besteht hier die jederzeitige Möglichkeiten. Zu berücksichtigen ist, dass beide Nutzerkonten in weiterer Folge aber nicht für die nächsten 180 Tage zu einem anderen Haushaltsprofil hinzugefügt werden können. Wird ein Mitglied aus Versehen aus dem Profil entfernt und soll wieder hinzugefügt werden, so müssen Sie mit dem Kundenservice Kontakt aufnehmen.

1. Wählen Sie in Ihrer „Alexa“-App die Option „Einstellungen“.
2. In weiterer Folge gehen Sie in den Bereich „Konto“ und wählen den Eintrag „Haushaltsprofile“.
3. Wählen Sie nun „Entfernen“ und klicken Sie auf die jeweilige Person; wollen Sie sich selbst entfernen, so klicken Sie auf „Verlassen“.
4. Um die Person aus dem Haushaltsprofil zu entfernen, müssen Sie auf „Aus Haushalt entfernen“ klicken und in weiterer Folge die Änderung bestätigen.

**Der Wechsel zu einem anderen Profil**

Haben Sie ein Haushaltsprofil angelegt, so können Sie zwischen den unterschiedlichen Nutzerkonten wechseln.

1. Gehen Sie in die Inhaltsbibliothek der App.
2. Nutzen Sie in weiterer Folge das Drop-Down-Menü, sodass Sie in ein anderes Haushaltsprofil wechseln können.

**Skills aktivieren**

Bei den Skills handelt es sich um sprachgesteuerte Fähigkeiten, sodass Ihnen noch mehr Funktionen zur Verfügung stehen. Aktivieren Sie beispielsweise Skills, sodass Alexa in weiterer Folge Rechenaufgaben lösen kann; mitunter können Sie auch Skills aktivieren, sodass Sie einen Überblick bekommen, welche Konzerte in ihrer Heimatstadt demnächst zu sehen sein werden. Skills finden Sie entweder in der „Alexa"-App oder auch im Skill-Store.

1. Öffnen Sie zuerst die „Alexa"-App und wählen Sie „Skills" aus; Sie können auch den Skill-Store unter https://www.amazon.de/skills aufrufen.
2. Suchen Sie nun nach passenden Skills - arbeiten Sie sich durch die verschiedenen Kategorien oder nutzen Sie das Feld „Suche", sodass Sie nach bestimmten Skills suchen können.
3. Haben Sie einen Skill gefunden, so öffnen Sie die Detailseite und gehen auf „Skill aktivieren".

Mitunter können noch weitere Anweisungen erscheinen; befolgen Sie diese, sodass es zur richtigen Einrichtung des gewünschten Dienstes kommt.

**Die Verwaltung der Skills**

Die Skills können natürlich jederzeit verwaltet werden!

Öffnen Sie die „Alexa"-App und gehen Sie auf den Punkt „Skills" und dann auf „Meine Skills".

Skill deaktivieren:
Sie möchten einen Skill nicht mehr nutzen, dann wählen Sie „Deaktivieren"; Sie können auch den Sprachbefehl „[Name des Skills] deaktivieren.

Rezensionen:
Bewerten und rezensieren Sie Skills; unter „Rezensionen" können Sie Erfahrungsberichte verfassen und so den anderen Usern bei der Entscheidung helfen, ob der Skill hilfreich oder mehr eine Enttäuschung war.

Verwaltung der Skill-Berechtigungen:

Viele Skills verlangen einen Zugriff auf den Standort und auch die Adresse des Geräts; derartige Berechtigungen können im Punkt „Skill-Berechtigungen“ angepasst werden.

Skill-Benachrichtungen:
Einige Skills möchten Sie auch über Ereignisse informieren; unter der Option „Benachrichtigung“ können Sie Benachrichtigungen aktivieren oder auch deaktivieren, sodass Sie keine Nachrichten mehr bekommen.

## Routinen

Mit der „Alexa“-App können Sie Routinen erstellen, die in weiterer Folge festlegen, wie die kompatiblen Echo- und Smart Home-Geräte zusammenarbeiten. Routinen erleichtern Ihnen mit Sicherheit den Alltag - so können Sie festgelegte Aktionen „programmieren“, die nur mit einem Sprachbefehl automatisiert ausgeführt werden. Sagen Sie „Guten Abend“, dann kann Alexa etwa das Licht abschalten oder führt in weiterer Folge auch andere Aktionen aus, die in Verbindung mit „Guten Abend“ stehen. Es gibt aber auch Routinen, die von der Uhrzeit abhängig sind. Legen Sie fest, dass tagtäglich um 7 Uhr in der Früh die Kaffeemaschine aufgedreht wird oder das Licht im Bad angeht - Sie werden staunen, was Alexa alles kann.

Kompatible Geräte

Amazon Echo (1. Generation)
Amazon Echo (2. Generation)
Echo Dot (2. Generation)
Echo Show
Echo Plus

## Die Erstellung einer Routine

1. Gehen Sie in das Menü und wählen Sie den Punkt „Routinen“.
2. Klicken Sie auf das „Plus“-Symbol.
3. Nun wählen Sie „Wenn dies passiert“ aus; legen Sie nun fest, wie die Routine ablaufen soll.
4. Gehen Sie in weiterer Folge auf „Aktion hinzufügen“.
5. Bestimmen Sie die Geräte, die im Zuge der Routine gesteuert werden sollen.

## Routinen löschen oder bearbeiten

1. Wählen Sie im Menü „Routinen“ aus.
2. Klicken Sie nun jene Routine aus, die nun bearbeitet oder gelöscht werden soll.

3. Mittels Auslöser können Sie die Routine bearbeiten; möchten Sie die Routine löschen, dann gehen Sie in das Menü zurück und klicken auf „Routine löschen“.

**Die Verwaltung der Skills-Benachrichtigungen**

Zahlreiche Alexa-Skills werden Sie zu diversen Ereignissen benachrichtigen - so etwa, wenn eine Bestellung geliefert wird. Haben Sie Skills zugelassen, so gibt es auch Benachrichtigungsoptionen, die Sie jedoch aktivieren müssen, sodass Sie auch die dementsprechenden Benachrichtigungen erhalten. Die Aktivierung ist auf der Skill-Detailseite möglich.

So kann der Wetter-Skill nur dann über eine Wetterwarnung berichten, sofern auch die Benachrichtigung erlaubt wurde.

Doch nicht jeder Skill kann Sie benachrichtigen. Am Ende bestimmen die Entwickler der Skills selbst, welche Ereignisse eine Benachrichtigung auslösen und ob überhaupt Benachrichtigungen geplant werden. Auf der Detailseite der Skills finden Sie Hinweise, ob es eine Benachrichtigungsoption gibt oder ob der Skill gar keine Meldungen übermittelt.

Die Skill-Benachrichtigungen können Sie jederzeit ein- oder ausschalten:

1. Öffnen Sie zu Beginn die „Alexa“-App.
2. Gehen Sie in das Menü und wählen Sie den Punkt „Einstellungen“.
3. Öffnen Sie nun „Meine Skills“.
4. Wählen Sie einen Skill aus, sodass Sie die Benachrichtigungsoptionen sehen.
5. Wählen Sie nun den Punkt „Benachrichtigung verwalten“ aus.
6. Nun können Sie den Schalter auf „Aus“ oder „An“ stellen - die Benachrichtigungen wurden aktiviert oder deaktiviert, je nachdem, wofür Sie sich schlussendlich entschieden haben.

Natürlich können Sie auch Alexa direkt fragen. „Alexa, lies meine Benachrichtigungen“.

**Feedback**

Amazon freut sich immer wieder über Rückmeldungen, sodass Alexa stets verbessert werden kann. Genau aus diesem Grund ist es auch ratsam, wenn Sie ein Feedback übermitteln.

1. Öffnen Sie das Menü und gehen Sie auf das „?“-Symbol, das sich neben Ihrem Namen befindet - jetzt öffnet sich der Bereich „Hilfe und Feedback“.
2. Gehen Sie nun auf „Feedback senden“.
3. Nun können Sie die Kategorie und auch die Problemart bestimmen.

4. Geben Sie Ihre Anregungen in das leerte Textfeld ein und klicken Sie auf „Feedback senden".

**Dialogverlauf aufrufen**

Sie haben die Möglichkeit eine Abschrift der Interaktionen mit Alexa abzurufen - in weiterer Folge können Sie sich die Interaktionen ansehen oder auch anhören. Mitunter können Sie auch einzelne oder alle Aufnahmen löschen.

**Dialogverlauf anhören**

1. Wählen Sie im Menü „Einstellungen".
2. Rufen Sie nun den „Verlauf" auf.
3. Wählen Sie die gewünschte Interaktion aus und klicken dann auf das „Play"-Symbol.

**Dialogverlauf löschen**

1. Klicken Sie im Bereich „Meine Inhalte und Geräte" auf die Registerkarte „Meine Geräte".
2. Nun wählen Sie Ihr Alexa-Gerät aus.
3. Gehen Sie nun auf „Sprachaufnahme verwalten".
4. Klicken Sie jetzt auf „Löschen".

**Schwierigkeiten und Probleme - Hilfestellungen**

**Probleme mit der „Alexa"-App - die App funktioniert nicht**

Sie können die „Alexa"-App nicht öffnen oder erhalten eine Fehlermeldung (etwa: „Die App ist offline"), so befolgen Sie nachstehende Lösungsansätze:

<u>Überprüfen Sie die Kompatibilität</u>

Sie sollten zuvor überprüfen, ob das Gerät auch alle Anforderungen erfüllt. Beachten Sie, dass das Gerät mit einem der folgenden Betriebssysteme ausgestattet sein muss:

iOS 8.0 (oder höher)
Fire OS 3.0 (oder höher)
Android 4.4 (oder höher)
Web-Browser: Chrome, Safari, Firefox, Internet Explorer (10 oder neuer) oder Microsoft Edge

**iOS-Betriebssystem**

Neustart

Starten Sie zu Beginn das iOS-System (iPad, iPod touch oder iPhone) neu.

1. Halten und drücken Sie die „Ein/Ausschalten und Schlafmodus"-Taste auf dem iOS-Gerät, bis in weiterer Folge auf dem Bildschirm ein Schieber zu sehen ist.
2. Ziehen und drücken Sie diesen Schieber mit dem Finger, sodass das Gerät ausgeschaltet wird.
3. Drücken Sie neuerlich die „Ein/Ausschalten und Schlafmodus"-Taste, sodass sich das Gerät wieder einschaltet.

Erzwungener Stopp

Sie können die „Alexa"-App beenden, indem sie einen erzwungenen Stopp ausführen.

1. Drücken Sie zweimal auf die „Startseite"-Taste, sodass Sie eine Vorschau der kürzlich verwendeten Apps erhalten; diese werden auf dem Bildschirm angezeigt.
2. Streichen Sie nun solange über die Apps, bis die gewünschte „Alexa"-App aufscheint.
3. Streichen Sie nun nach oben, sodass die App geschlossen wird.

Deinstallieren Sie die „Alexa"-App und führen Sie eine neuerliche Installation durch

1. Halten und drücken Sie die „Alexa"-App.
2. In weiterer Folge „wackelt" das Symbol.
3. Tippen Sie auf das erschiene „X".
4. Die App wurde deinstalliert.
5. Rufen Sie den Apple-Store auf und installieren Sie die „Alexa"-App neuerlich.

**Android-Betriebssystem**

Neustart

1. Halten und drücken Sie die „Ein-/Aus"-Taste und gehen Sie dann auf „Ausschalten".
2. Drücken Sie nun die „Ein-/Aus"-Taste, sodass sich das Gerät neuerlich einschaltet.

Erzwungener Stopp

1. Rufen Sie am Startbildschirm des Android-Geräts „Einstellungen", dann „Apps (oder auch „Anwendungen") auf - mitunter müssen Sie nun „Anwendungen verwalten" auswählen.
2. Suchen Sie nun die „Alexa"-App und gehen Sie anschließend auf „Daten löschen".
3. Nachdem die Daten gelöscht wurden, können Sie „Stoppen erzwingen".

Deinstallieren Sie die „Alexa"-App und führen Sie eine neuerliche Installation durch

1. Gehen Sie in das App-Menü, klicken Sie auf die „Alexa"-App und wählen dann „Deinstallieren".
2. Nachdem die App gelöscht wurde, gehen Sie in den Google Play-Store.
3. Installieren Sie die App erneut.

**Fire OS-Betriebssystem**

Neustart

1. Halten und drücken Sie die „Ein-/Aus"-Taste und gehen Sie dann auf „Ausschalten".
2. Drücken Sie nun die „Ein-/Aus"-Taste, sodass sich das Gerät neuerlich einschaltet.

Erzwungener Stopp

1. Fahren Sie mit dem Finger auf der Startseite des Geräts von oben nach unten, sodass sich in weiterer Folge die „Schnelleinstellungen" öffnen; tippen Sie nun auf „Einstellungen", dann auf „Anwendungen" oder „Apps und Spiele", auf „Alle Anwendungen verwalten" oder „Installierte Anwendungen".
2. Suchen Sie nun nach der „Alexa"-App und wählen Sie in weiterer Folge „Daten löschen".
3. Die Anwendungsdaten wurden gelöscht, nun gehen Sie auf „Stoppen erzwingen".

Deinstallieren Sie die „Alexa"-App und führen Sie eine neuerliche Installation durch

1. Gehen Sie im Menü auf die „Alexa"-App und klicken Sie dann auf „Deinstallieren".
2. Rufen Sie die Apps-Bibliothek auf und laden Sie die „Alexa"-App neuerlich auf Ihr Gerät.

**Webbrowser**

1. Aktualisieren Sie die Seite mit einem neuerlichen Ladevorgang.
2. Löschen Sie Cookies und Cahce aus dem Browser (im Zuge dieses Vorgangs werden alle Benutzernamen und Passwörter, die im Browser gespeichert wurden, ebenfalls gelöscht).
3. Schließen Sie den Browser und öffnen Sie ihn neuerlich.

**Alexa erkennt kein Smart Home-Gerät**

Erkennt Alexa kein einziges Ihrer Smart Home-Geräte, so können Sie nachstehende Lösungsansätze ausprobieren.

**Auf Einrichtungs- oder Geräteprobleme überprüfen**

1. Stellen Sie zu Beginn sicher, dass das Smart Home-Gerät auch mit Alexa kompatibel ist; gehen Sie dafür auf die Smart Home-Skill Detailseite und suchen Sie nach dem Gerät.
2. Laden Sie die App des Herstellers herunter und richten Sie das Gerät erneut (oder erstmals) ein.
3. Starten Sie das Smart Home-Gerät und das Alexa-Gerät erneut.
4. Deaktivieren Sie den Skill für das Smart Home-Gerät; in weiterer Folge aktivieren Sie den Skill erneut.
5. Trennen Sie das Smart Home-Gerät von über die Option „Deaktivieren“; aktivieren Sie das Gerät in weiterer Folge erneut
6. Laden Sie alle Software-Updates für das Gerät herunter und installieren Sie diese.

**Mit demselben WLAN-Netzwerk verbinden**

Das Alexa-Gerät muss sich im selben WLAN-Netzwerk wie die Smart Home-Geräte befinden. Besonders gut funktioniert die „Zusammenarbeit“ in einem privaten WLAN-Netzwerk. WLAN-Netzwerke am Arbeitsplatz oder an Schulen lassen oft keine Verbindung mit nichtbekannten Geräten zu.

1. Klicken Sie im Menü auf den Punkt „Einstellungen“.
2. Wählen Sie nun Ihr Alexa-Gerät aus.
3. Gehen Sie auf „WLAN aktualisieren“ und befolgen Sie die weiteren Anweisungen.

**SSDP/UPnP einschalten**

Sie können die Router-Einstellungen auch mit Hilfe des Computers ändern. Für nähere Informationen müssen Sie mit dem Hersteller des Routers Kontakt aufnehmen.

**Überprüfen Sie den Gruppennamen**

Überprüfen Sie zunächst den Gruppennamen, der für das Smart Home-Gerät verwendet wurde. Kann Alexa den Gruppennamen überhaupt gut verstehen? Lautet der Name etwa „Wohn3zimm3e1 Leuchten", ist es angebracht, den Namen dahingehend zu ändern, dass er „Wohnzimmer Leuchten" heißt.

**Gerät neu erkennen lassen**

Sie können Alexa auch auftragen, die bestehenden Smart Home-Geräte neu erkennen zu lassen. „Alexa, erkenne meine Geräte." In weiterer Folge sucht Alexa nach allen kompatiblen Smart Home-Geräten.

**Probleme mit Smart Home-Kameras**

Haben Sie Schwierigkeiten bei der Bedienung der Smart Home-Kamera, finden Sie nachstehend ein paar Lösungsansätze.

**Überprüfung der Kamera - ist die Einrichtung richtig abgeschlossen?**

Sie müssen zuerst sicher sein, dass Sie eine kompatible Kamera verwenden; lassen Sie sich einen Feed über das Gerät anzeigen. Stellen Sie zudem sicher, dass die Kamera eingeschaltet ist - überprüfen Sie auch das Netzteil und den Akku. Zudem müssen Sie sich vergewissern, dass die Einrichtung über die Webseite des Herstellers oder über die Begleiter-App abgeschlossen ist. Mitunter sind auch zusätzliche Software-Updates notwendig, damit die Kamera funktioniert. Funktionieren die Lösungsansätze nicht, so nehmen Sie Kontakt mit dem Hersteller der Kamera auf.

**Überprüfung der Internetverbindung**

Überprüfen Sie zunächst, ob sich die Kamera im gleichen WLAN-Netzwerk wie das Echo- oder Fire TV-Gerät befinden. Versuchen Sie in weiterer Folge andere Inhalte zu streamen - so etwa TV-Serien, Filme oder Musik.

Kommt es zu Schwierigkeiten beim Streamen, so haben Sie mitunter Schwierigkeiten mit der Internetverbindung. Fire TV hat ein eigenes Netzwerk-Status-Tool, das Ihnen hilft, Probleme mit der Internetverbindung zu beheben. Haben Sie nur Schwierigkeiten beim Streamen des Feeds, so haben Sie mitunter falsche Netzwerkeinstellungen der Kamera gewählt. Hier sollten Sie Kontakt mit dem Hersteller der Kamera aufnehmen.

**Verbinden Sie die Kamera erneut**

1. Öffnen Sie zu Beginn die „Alexa"-App und gehen Sie im Menü auf „Smart Home".

2. Überprüfen Sie, ob für die Kamera der richtige Skill aktiviert wurde; der Name des Skills muss mit dem Namen des Kamera-Herstellers übereinstimmen.
3. Gehen Sie auf „Geräte“ und suchen Sie Ihre Kamera; haben Sie die Kamera nicht gefunden, gehen Sie auf „Suchen“ oder geben Sie den Befehl „Alexa, erkenne meine Geräte“.

**Der Neustart des Geräts**

Trennen Sie die Echo-Geräte vom Strom und verbinden Sie das Gerät neuerlich mit der Kamera. Nutzen Sie ein Fire TV-Gerät, so können Sie unter „Einstellungen“, „Gerät“ und „Neu starten“ einen Neustart erzwingen.

**Alexa versteht Sie nicht**

Kommt es immer wieder vor, dass Alexa Ihre Anfragen nicht umsetzt, weil die digitale Sprachassistentin gar nicht versteht, was Sie sagen?

Damit Alexa überhaupt funktioniert, benötigen Sie eine aufrechte WLAN-Verbindung.

**Die richtige Platzierung**

Platzieren Sie das Gerät 20 cm von Wänden oder sonstigen Gegenständen entfernt; achten Sie auch auf etwaige Störquellen (Babyphone, Mikrowellenherde und dergleichen)!
Steht das Alexa-Gerät am Boden, so stellen Sie es in weiterer Folge auf einen Tisch (oder auf eine andere Erhöhung)!

**Sprechen Sie deutlich**

Vermeiden Sie Hintergrundgeräusche und sprechen Sie natürlich und auch sehr deutlich!

**Sie müssen präzise formulieren**

1. Wiederholen Sie Anforderungen oder Fragen!
2. Formulierungen Sie die Frage um oder stellen Sie diese präziser.
3. Überprüfen Sie in der „Alexa“-App, was die digitale Sprachassistentin tatsächlich verstanden hat.

**Bluetooth-Schwierigkeiten**

Sind im Zuge der Bluetooth-Verbindung diverse Probleme aufgetreten, sollten Sie folgende Tipps und Tricks beachten.

**Unterstützt das Alexa-Gerät Bluetooth?**

Folgende Alexa-Geräte unterstützen Bluetooth:

Amazon Echo (1. Generation)
Amazon Echo (2. Generation)
Echo Show
Echo Dot
Echo Plus

**Überprüfen Sie, ob das Bluetooth-Gerät ein unterstütztes Profil verwendet**

Advanced Audio Distribution Profile (A2DP SNK)
Mit diesem Profil kann man Audio-Inhalte vom Mobilgerät (Tablet oder Smartphone) an das Alexa-Gerät übermitteln.

Audio/Video Fernbedienungs-Protokolle (AVRCP)
Mit diesem Profil kann man die freihändige Sprachsteuerung verwenden, sofern das Mobilgerät mit dem Alexa-Gerät verbunden wurde.

**Überprüfung des Akkus**

Gibt es einen festinstallierten Akku, so sollten Sie sich im Vorfeld überzeugen, ob dieser auch zur Gänze aufgeladen ist. Kann der Akku im Gerät ausgetauscht und gegen einen anderen Akku ersetzt werden, dann setzen Sie den neuen Akku ein. Vergewissern Sie sich auch hier, dass der Akku vollständig aufgeladen ist.

**Auf der Suche nach Störquellen**

Sie sollten das Alexa- und das Bluetooth-Gerät in einem ausreichenden Abstand von diversen Störquellen platzieren. Das können unter anderem Mikrowellenherde, Babyphone oder andere drahtlose Geräte sein. Achten Sie zudem darauf, dass das Bluetooth-Gerät in der Nähe des Alexa-Gerätes ist, wenn Sie beide miteinander verbinden wollen.

**Bluetooth-Geräte aus Echo-Geräten entfernen**

1. Öffnen Sie die „Alexa"-App und gehen Sie im Menü auf den Punkt „Einstellungen".
2. Wählen Sie nun das Gerät aus.
3. Gehen Sie auf „Bluetooth".
4. Wählen Sie das jeweilige Gerät und klicken Sie auf „Vergessen".
5. Sie müssen diesen Vorgang sooft wiederholen, bis sich in der Liste kein einziges Bluetooth-Gerät mehr befindet.

**Bluetooth Geräte aus Echo Show entfernen**

1. Geben Sie den Befehl „Gehe zu Einstellungen“ oder wischen Sie mit dem Finger von oben nach unten über Ihren Echo Show-Bildschirm und klicken dann auf „Einstellungen“.
2. Wählen Sie nun „Bluetooth“ aus.
3. Gehen Sie auf das Info-Symbol und klicken Sie auf „Gerät vergessen“.
4. Sie müssen diesen Vorgang sooft wiederholen, bis sich in der Liste kein einziges Bluetooth-Gerät mehr befindet.

**Pairen Sie die Bluetooth-Geräte noch einmal (Echo-Geräte)**

1. Öffnen Sie „Einstellungen“ beim mobilen Gerät und aktivieren Sie in weiterer Folge „Bluetooth“ - achten Sie darauf, dass sich das Alexa-Gerät in der Nähe befindet.
2. Geben Sie den Sprachbefehl „Koppeln“ - das Alexa-Gerät wechselt sodann in den Pairing-Modus.
3. Nun wechseln Sie mit dem Mobilgerät in den Bereich der Bluetooth-Einstellungen und wählen in weiterer Folge das Alexa-Gerät aus.
4. Alexa teilt nun mit, ob die Verbindung hergestellt werden konnte.

**Pairen Sie die Bluetooth-Geräte noch einmal (Echo Show-Geräte)**

1. Geben Sie den Sprachbefehl „Alexa, kopple mein Smartphone“; Alexa wird in weiterer Folge mitteilen, dass das Gerät für Pairing zur Verfügung steht
2. Öffnen Sie in Ihrem Mobilgerät die Bluetooth-Einstellungen und wählen Sie nun Echo Show aus
3. Teilt Alexa mit, dass eine Verbindung hergestellt werden konnte, können Sie nun Ihre Audioinhalte vom Mobilgerät aus über das Echo Show-Gerät streamen

**Probleme beim Streamen**

Kommt es zu Problemen beim Streamen von Hörbüchern, Musik oder anderen Inhalten, so können die nachstehenden Lösungsansätze mitunter hilfreich sein.

Die nachstehenden Lösungsvorschläge treffen auf folgende Geräte zu:

Amazon Echo (1. Generation)
Amazon Echo (2. Generation)
Echo Plus
Echo Show

Beachten Sie, dass zahlreiche Probleme, die in Verbindung mit dem Streamen auftreten, durchaus an der Internetverbindung liegen können. Wenn Sie Inhalte streamen möchten, dann achten Sie darauf, dass die Übertragungsrate bei mindestens 512 Kbit/s liegt.

**WLAN-Stau**

Befinden sich mehrere Geräte im WLAN-Netzwerk, so kann die Netzwerkleistung schwanken. Schalten Sie daher alle Geräte aus, die Sie nicht benötigen, sodass Bandbreite freigegeben werden kann. Befindet sich Alexa zudem in einem anderen Raum oder wird durch einen Gegenstand blockiert, so kann es ebenfalls zu Problemen kommen. Achten Sie darauf, dass der Abstand zwischen Modem und Router nicht zu groß ist. Platzieren Sie Ihr Alexa-Gerät nicht direkt an Metallgegenstände, Wände oder anderen Störquellen (Mikrowellenherd, Babyphone und dergleichen). Steht das Alexa-Gerät am Boden, so kann es helfen, wenn Sie das Gerät auf einen höheren Platz stellen.

**5 GHz-Kanal-Verbindung**

Zahlreiche WLAN-Geräte verbinden sich automatisch mit dem sogenannten 2 GHz-Kanal. Befinden sich mehrere Geräte im Netzwerk, so kommt es zur automatischen Reduktion der Netzwerkgeschwindigkeit. Besitzen Sie einen Dualbandrouter, so können Sie den 5 GHz-Kanal, der in der Regel deutlich weniger ausgelastet ist, verwenden.

**Starten Sie die Netzwerkhardware und das Alexa-Gerät erneut**

Sie können das Internetmodem, den Router und auch das Alexa-Gerät neu starten; ein Neustart kann dabei helfen, die sporadischen WLAN-Probleme in den Griff zu bekommen.

1. Schalten Sie das Modem und den Router aus und warten Sie in weiterer Folge mindestens 30 Sekunden.
2. Schalten Sie nun wieder das Modem ein; warten Sie, bis das Modem betriebsbereit ist.
3. Nach dem Modem-Neustart können Sie den Router einschalten; warten Sie, bis der Router betriebsbereit ist.
4. Schalten Sie nun die Netzwerkhardware des Alexa-Geräts aus und dann wieder ein.

**Überprüfen Sie die Ports auf dem Router**

Verwenden Sie eine Firewall, so sollten Sie überprüfen, ob die nachstehenden UDP-Ports auch für den abgehenden Datenverkehr offen sind. Folgende Ports werden nämlich benötigt, wenn das Alexa-Gerät ordnungsgemäß funktionieren soll:

| |
|---|
| 123 |
| 443 |
| 4070 |
| 5353 |
| 40317 |
| 49317 |
| 33434 |

Sie sind unsicher, ob eine Firewall vorhanden ist? Kontaktieren Sie in diesem Fall den Netzwerkadministrator.

**WLAN-Probleme bleiben aufrecht**

Sie können noch immer keine Inhalte streamen? Wenden Sie sich an den Routerhersteller, den Internetdienstanbieter oder an den Netzwerkadministrator.

**Ein Alexa-Skill bereitet Schwierigkeiten**

Die meisten Skill-Probleme können mit folgendem Trick behoben werden: deaktivieren. Mitunter hilft die Deaktivierung und neuerliche Aktivierung, sodass der Skill wieder einwandfrei funktioniert.

1. Wählen Sie im Menü „Skills“ und gehen Sie dann auf „Meine Skills“.
2. Tippen Sie den Skill an, der Probleme verursacht.
3. Gehen Sie nun auf „Skill deaktivieren“.
4. Gehen Sie auf „Aktivieren“ und führen Sie einen Neustart Ihres Alexa-Geräts durch.
5. Wurde das Gerät neu gestartet, können Sie den Skill neuerlich ausprobieren.

Besitzt der Skill eine Funktion zur Berechtigung, so gehen Sie auf „Einstellungen verwalten“. Schieben Sie nun die Berechtigung auf „Aus“ und dann wieder auf „An“. Auch dieser Trick kann dabei helfen, ein etwaiges Skill-Problem zu heben - hier ersparen Sie sich die Deaktivierung und neuerliche Aktivierung.

Achten Sie darauf, dass jeglicher Skill-Fortschritt verloren wird, nachdem der Skill deaktiviert wurde.

**Amazon Echo zurücksetzen**

Amazon Echo reagiert nicht mehr? Sie möchten Ihr Gerät an eine dritte Person weitergeben? In diesen Fällen sollten Sie das Gerät unbedingt zurücksetzen.

Beachten Sie, dass das Gerät, nachdem es zurückgesetzt wurde, neuerlich im Amazon-Konto angemeldet werden muss. Zudem müssen alle Einstellungen neuerlich festgelegt werden, bevor Sie das Gerät wieder verwenden können.

Haben Sie Probleme mit dem Amazon Echo-Gerät? Zunächst sollten Sie das Gerät neu starten. Mitunter kann das Problem durch den Neustart behoben werden. Stecken Sie zuerst das Netzteil auf der Geräterückseite aus oder trennen Sie das Gerät von der Stromversorgung. Das Problem bereitet noch immer Schwierigkeiten? Nun sollten Sie Amazon Echo zurücksetzen.

1. Verwenden Sie eine Büroklammer oder ein vergleichbares Werkzeug, sodass Sie die „Reset"-Taste drücken können; die Taste befindet sich auf der unteren Geräteseite.
2. Haben Sie die „Reset"-Taste gedrückt, dann wird der Lichtring zuerst orange und dann wieder blau leuchten.
3. Warten Sie, bis der Lichtring aus- und dann wieder eingeschaltet ist.
4. Leuchtet der Lichtring orange, so wechselt das Gerät in den sogenannten Einrichtungsmodus.
5. Öffnen Sie jetzt die „Alexa"-App und verbinden Sie das Gerät mit dem WLAN-Netzwerk.
6. Melden Sie sich nun bei dem Amazon-Konto an.

**Probleme mit der Sprachfernbedienung**

Im folgenden Abschnitt finden Sie Lösungsansätze, sofern Sie Probleme mit der Alexa-Sprachfernbedienung haben.

Berücksichtigen Sie jedoch, dass die Sprachfernbedienung nicht mit den folgenden Geräten kompatibel ist:

Andere Alexa-Geräte: Amazon Fire TV

Nutzen Sie die Sprachfernbedienung ausschließlich für Amazon Echo-Geräte!

**Überprüfen Sie die Batterien in Ihrer Sprachfernbedienung**

Hin und wieder kann es vorkommen, dass sich die Batterien entleeren, nachdem sie für längere Zeit nicht verwendet wurden. Tauschen Sie daher die alten AAA-Batterien aus und achten Sie auch auf die richtige Ausrichtung.

**Erneut Koppeln**

Sie können die Sprachfernbedienung auch neuerlich mit dem Echo-Gerät koppeln.

**Der Neustart des Geräts**

Führen die oben beschriebenen Schritte nicht zum Erfolg, sodass es weiterhin zu Problemen mit der Sprachfernbedienung kommt, so sollten Sie das Gerät neu starten. Trennen Sie dafür das Netzteil (entweder das Gerät von der Stromversorgung oder das Netzteil von der Geräterückseite) vom Strom und stellen Sie nach wenigen Minuten eine neuerliche Stromversorgung her. Koppeln Sie die Sprachfernbedienung erneut, nachdem das Gerät wieder verwendet werden kann. Halten Sie für diesen Vorgang die „Wiedergabe/ Pause“-Taste auf der Sprachfernbedienung gedrückt. In weiterer Folge wird Ihnen Alexa mitteilen, ob die Verbindung erfolgreich war.

**Das Echo-Gerät stellt keine Verbindung zum WLAN her**

Der nachfolgende Abschnitt befasst sich mit dem Problem, wenn das Echo-Gerät nicht mit dem WLAN-Netzwerk verbunden werden kann.

Bedenken Sie, dass Echo-Geräte eine Verbindung mit dem Dualband-WLAN-Netzwerk 2,4 Ghz und 5 Ghz herstellen will, die den Standard 802.11a/b/g/n verwenden. Sogenannte Ad-hoc-Netzwerke (also Peer-to-Peer-Netzwerke) werden keinesfalls unterstützt - eine Verbindung mit einem derartigen WLAN-Netzwerk ist also nicht möglich.

**Was Sie machen können, wenn keine Verbindung mit dem WLAN-Netzwerk hergestellt werden kann**

Versuchen Sie eine neuerliche Verbindung mit dem WLAN-Netzwerk herstellen.
Überzeugen Sie sich, dass das Netzwerkpasswort richtig ist, sofern ein derartiges Passwort benötigt wird; sehen Sie ein Sperr-Symbol, so ist ein Passwort erforderlich, wobei das Netzwerkpasswort nicht das Passwort für Ihr Amazon-Konto ist.
Überprüfen Sie in weiterer Folge, ob Sie mit den anderen Geräten - also einem Smartphone oder Tablet - eine Verbindung mit dem WLAN-NEtzwerk aufbauen können; ist eine Verbindung mit anderen Geräten ebenfalls nicht möglich, so liegt es nicht am Alexa-Gerät, sondern am WLAN-Netzwerk - kontaktieren Sie den Netzwerkadministrator oder jene Person, die das Netzwerk eingerichtet hat.
Aktualisieren Sie die Firmware des Modems oder Routers.
Der Router verwendet standardmäßig WPA oder auch WPA2 (Sicherheitseinstellung); kann der Verschlüsselungstyp selbst festgelegt werden, sollten Sie AES wählen.

**WLAN-Stau**

Befinden sich mehrere Geräte im WLAN-Netzwerk, so kann die Netzwerkleistung schwanken. Schalten Sie daher alle Geräte aus, die Sie nicht benötigen, sodass Bandbreite freigegeben werden kann. Befindet sich Alexa zudem in einem anderen Raum oder wird durch einen Gegenstand blockiert, so kann es ebenfalls zu Problemen kommen. Achten Sie darauf, dass der Abstand zwischen Modem und Router nicht zu groß ist. Platzieren Sie Ihr Alexa-Gerät nicht direkt an Metallgegenstände, Wände oder anderen Störquellen (Mikrowellenherd, Babyphone und dergleichen). Steht das Alexa-Gerät am Boden, so kann es helfen, wenn Sie das Gerät auf einen höheren Platz stellen.

**Starten Sie die Netzwerkhardware und das Alexa-Gerät erneut**

Sie können das Internetmodem, den Router und auch das Alexa-Gerät neu starten; ein Neustart kann dabei helfen, die sporadischen WLAN-Probleme in den Griff zu bekommen.

1. Schalten Sie das Modem und den Router aus und warten Sie in weiterer Folge mindestens 30 Sekunden.
2. Schalten Sie nun wieder das Modem ein; warten Sie, bis das Modem betriebsbereit ist.
3. Nach dem Modem-Neustart können Sie den Router einschalten; warten Sie, bis der Router betriebsbereit ist.
4. Schalten Sie nun die Netzwerkhardware des Alexa-Geräts aus und dann wieder ein.

**WLAN-Probleme bleiben aufrecht**

Sie können noch immer keine Inhalte streamen? Wenden Sie sich an den Routerhersteller, den Internetdienstanbieter oder an den Netzwerkadministrator.

**Schwierigkeiten und Probleme mit Routinen?**

Sie haben Probleme mit einer Routine, so gibt es mehrere Maßnahmen, die im Zuge der Fehlerbehebung zur Verfügung stehen.

<u>Die Überprüfung des Routine-Namen</u>

Alexa funktioniert dann besonders gut, wenn der Name, der für die Routine vergeben wurde, auch leicht zu verstehen ist. Handelt es sich um einen sehr eigenwilligen Namen, so etwa „wohnz1mm3r Leuchten“, so ist es wohl besser, wenn der Name in „Wohnzimmer Leuchten“ geändert wird.

<u>Der Neustart</u>

Sie können das Echo-Gerät auch neu starten. In diesem Fall müssen Sie nur das Netzteil vom Strom nehmen; schließen Sie in weiterer Folge das Netzteil wieder an, sodass das Echo-Gerät wieder bedient werden kann.

<u>Überprüfen Sie, ob die Smart Home-Geräte überhaupt funktioneren</u>

Führt die Routine nicht die gewünschte Aktion aus, so müssen Sie versuchen, ob Alexa die Gerätschaften auch außerhalb der Routine bedienen kann. Macht Alexa überhaupt das Licht an, wenn der Sprachbefehl erteilt wird?

Wurden die Smart Home-Geräte auf demselben Konto angemeldet?

Routinen funktioniert nur dann, wenn die Smart Home-Geräte auf demselben Amazon-Konto angemeldet wurden. Befinden Sie sich also in einem Haushalt, so kann es gar nicht funktionieren, die Smart Home-Geräte in eine Routine einfließen zu lassen - Sie müssen die Geräte auf Ihrem eigenen Amazon-Konto registrieren.

Der Neustart der Netzwerk-Hardware

Sie können auch die Netzwerk-Hardware neu starten.

1. Schalten Sie Moden und Router aus.
2. Warten Sie 30 Sekunden.
3. Schalten Sie nun den Router ein und warten Sie, bis dieser wieder startet.
4. Trennen Sie nun das Echo-Gerät vom Netzteil (3 Sekunden) und lassen Sie die Netzwerk-Hardware starten.
5. Verbinden Sie Echo-Gerät und Netzwerk-Hardware neuerlich.

**Privatsphäre und Datenschutz - wie sicher (oder unsicher) sind Amazon Echo-Geräte?**

Lauscht man diversen Gesprächen oder Diskussionen oder befasst sich mit Medienberichten, so wird man immer wieder auf kritische Stimmen stoßen, die die Amazon Echo-Geräte keinesfalls gutheißen können. Doch warum geraten die Amazon Echo-Geräte immer wieder in das Kreuzfeuer der Kritik? Vorwiegend geht es um den Datenschutz. Doch wie gefährlich sind Amazon Echo-Geräte tatsächlich? Handelt es sich wirklich um einen Spion, der sich in den eigenen vier Wänden befindet? Haben die Kunden - also in dem Fall Sie - einen Einfluss, sodass die eigene Privatsphäre bewahrt werden kann? Können Sie mitunter die Optionen derart verwalten, sodass Sie am Ende selbst entscheiden können, wie viel von Ihrer Privatsphäre freigegeben werden soll?

Natürlich darf vorweg nicht vergessen werden, dass wir - ob Alexa-Kritiker oder Befürworter - unseren eigenen Spion am Körper tragen: das Smartphone.

Doch das heißt nicht, dass die Themen Datenschutz und Privatsphäre zur Gänze ignoriert werden dürfen. Doch bevor man über Privatsphäre und Datenschutz - in Verbindung mit den Echo-Geräten - diskutieren möchte, sollte man sich bewusst werden, wie der Amazon Echo überhaupt funktioniert. Nur dann, wenn man zu 100 Prozent weiß, wie Amazon Echo-Geräte reagieren und wie es zur Weiterleitung der Anfragen und Sprachbefehle kommt, sollte man sich ein Urteil darüber bilden, ob die Privatsphäre und der Datenschutz wirklich in Gefahr sind. Zudem muss man sich auch die Frage stellen, ob der Nutzen und die Vorteile, die in Verbindung mit Amazon Echo stehen, am Ende nicht sogar überwiegen.

Damit Amazon Echo überhaupt reagiert, muss das Aktivierungskennwort „Alexa“ gesprochen werden (siehe das Kapitel „Aktivierungswort ändern“). Um reagieren zu können, benutzt Amazon Echo eine geräteinterne Stichworterkennung. Die Audiodaten, die von Ihnen registriert und in weiterer Folge aufgenommen werden, leitet Amazon Echo - innerhalb von Sekunden - an die Amazon Cloud weiter. Dort kommt es zur weiteren Verarbeitung der Eingaben.

Doch wann weiß man, wann die Sprachbefehle verarbeitet werden? Informationen gibt der auf dem Gerät befindliche Lichtring (siehe das Kapitel „Amazon Echo - eine Begegnung der besonderen Art“ - „Der Leuchtring“). Leuchtet der Lichtring blau, so werden die Daten direkt an die Cloud übermittelt - Alexa hört also definitiv mit. Das Ende der Audioaufnahme ist dann erreicht, nachdem die Anfrage oder Aufforderung beendet wurde. Doch kann das Ende einer Aufnahme auch kontrolliert werden? Ja. Unter „Einstellungen“, „Töne und Benachrichtigungen“ können Sie einstellen, ob der Anfrageton wiedergegeben werden soll, nachdem Sie mit der digitalen Sprachassistentin Kontakt aufgenommen haben. Hier können Sie einen Ton festlegen, der Ihnen signalisiert, dass die Sprachaufnahme gestartet ist; der Ton signalisiert auch, wann die Sprachaufnahme beendet wurde. Der Ton erklingt dann, nachdem die Frage oder Aufforderung gestellt wurde - danach werden keine anderen Audiodaten mehr an die Cloud transferiert.

Wenn Sie nicht wollen, dass Amazon Echo ständig auf das Aktivierungswort wartet, so können Sie die Mikrofone natürlich auch ausschalten. Halten Sie dafür die Mikrofontaste, die sich auf der Geräteoberseite befindet, gedrückt. Die Mikrofon-Taste färbt sich in weiterer Folge rot; der rote Lichtring signalisiert zudem, dass die Mikrofone deaktiviert wurden. Nun können Sie sicher sein, dass keine Audiodaten mehr an die Cloud weitergeleitet werden können. Der kleine Nachteil? Sind die Mikrofone deaktiviert, so kann Alexa nicht mehr reagieren. Das heißt, selbst dann, wenn Sie das Aktivierungskennwort sagen, werden Sie von Alexa ignoriert. Sie können nur noch über die Fernbedienung Befehle erteilen. Erst dann, wenn Sie die Mikrofone wieder aktiviert haben, können Sie Alexa neue Sprachbefehle erteilen.

Die Behauptungen, die immer wieder in diversen Medien zu lesen sind, dass Alexa auch im ausgeschalteten Zustand Gespräche mithört und mitunter Informationen weitergibt, können daher sehr wohl in die Kategorie „Märchen“ (oder für die heutige Zeit passender: Fake News) eingeordnet werden.

## Easter Eggs

Beginnen wir zunächst mit einem Klassiker: Sagen Sie doch einfach „Alexa, guten Morgen“ - Sie werden erstaunt sein, weil Sie tagtäglich eine neue Antwort bekommen. Hin und wieder wird Sie Alexa auch mit wirklich guten und lustigen Kommentaren überraschen.

Natürlich gibt es auch ein paar Easter Eggs, die an dieser Stelle nicht unerwähnt bleiben dürfen:

| Kategorie | Fragen |
|---|---|
| Filme und Serien | „Alexa, ich bin Dein Vater" (Star Wars)<br>„Alexa, möge die Macht mit Dir sein" (Star Wars)<br>„Alexa, nutze die Macht" (Star Wars)<br>„Alexa, bist du Skynet?" (Terminator)<br>„Alexa, sag mir die erste Regel des Fight Clubs?" (Fight Club)<br>„Alexa, ich heiße Inigo Montoya" (Die Braut des Prinzen) |
| Fragen zu Wissenschaft | „Alexa, gibt es wirklich UFOs?"<br>„Alexa, existieren Außerirdische?"<br>„Alexa, gibt es intelligentes Leben auf dem Planeten Mars?"<br>„Alexa, wieso ist der Himmel blau?"<br>„Alexa, woher kommen eigentlich die Babys?"<br>„Alexa, was ist Pi?" (**Tipp**: Die Antwort ist endlos!) |
| Witze | „Alexa, aktiviere die Selbstzerstörung"<br>„Alexa, was ist die einsamste Zahl der Welt?"<br>„Alexa, verrate mir den Sinn des Lebens"<br>„Alexa, wo ist eigentlich Chuck Norris?"<br>„Alexa, bringe mich zu Deinem Anführer?" |
| Gemeinde Sprüche | „Alexa, halt die Schnauze"<br>„Alexa, ich hasse Dich"<br>„Alexa, Du bist dumm"<br>„Alexa, Du blöde Kuh"<br>„Alexa, Du nervst mich"<br>„Alexa, wach endlich auf" |

| | |
|---|---|
| Allgemeines | „Alexa, mach mir jetzt ein Sandwich“<br>„Alexa, was ist eigentlich Liebe?“<br>„Alexa, Tee, Marke Earl Grey, sehr heiß“<br>„Alexa, gibt es eigentlich den Weihnachtsmann?“<br>„Alexa, klopf - klopf“<br>„Alexa, sein oder nicht sein, das ist hier die Frage“<br>„Alexa, sag einmal das Alphabet auf“<br>„Alexa, High Five!“<br>„Alexa, danke“<br>„Alexa, gute Nacht“<br>„Alexa, bis später“<br>„Alexa, schlaf gut“<br>„Alexa, ich hab Dich lieb“<br>„Alexa, Zahl oder Kopf?“<br>„Alexa, lügst Du?“<br>„Alexa, weißt Du, wo meine Schlüssel sind?“<br>„Alexa, miau“<br>„Alexa, Du bist echt cool“<br>„Alexa, sing einmal ein Lied“<br>„Alexa, wer ist der Boss?“<br>„Alexa, wie weit kannst Du eigentlich zählen?“ |
| Scherzfragen | „Alexa, ich glaube, ich bin krank“<br>„Alexa, ich habe Kopfschmerzen“<br>„Alexa, ich bin sehr glücklich“<br>„Alexa, ich bin wirklich einsam“<br>„Alexa, mir ist langweilig“<br>„Alexa, sing mir ein Geburtstagslied“<br>„Alexa, ich habe heute Geburtstag“<br>„Alexa, wie macht denn die Kuh?“<br>„Alexa, ein Fisch, zwei Fische...“<br>„Alexa, was ist eigentlich das Beste im Leben?“ |

| | |
|---|---|
| Fragen, die sich direkt mit Alexa befassen | „Alexa, was willst Du einmal werden, wenn Du groß bist?"<br>„Alexa, woher kommst Du eigentlich?"<br>„Alexa, was ist denn Deine absolute Lieblingsfarbe?"<br>„Alexa, hast Du etwa einen Freund?"<br>„Alexa, wieviel wiegst Du?"<br>„Alexa, was sind denn Deine Hobbies?"<br>„Alexa, magst Du Katzen?"<br>„Alexa, magst Du Hunde?"<br>„Alexa, was brauchst Du heute?"<br>„Alexa, magst Du Schokolade?"<br>„Alexa, kennst Du eigentlich den Weihnachtsmann?"<br>„Alexa, wer sind denn Deine Eltern?"<br>„Alexa, bist Du verliebt?"<br>„Alexa, was ist denn Dein Lieblingsgericht?"<br>„Alexa, was ist Dein absolutes Lieblingsgetränk?"<br>„Alexa, was ist Dein Lieblingsbuch?"<br>„Alexa, was hältst Du eigentlich von Siri?"<br>„Alexa, hast Du Geschwister?"<br>„Alexa, wann bist Du geboren?"<br>„Alexa, hast Du überhaupt Augen?"<br>„Alexa, können Schweine fliegen?"<br>„Alexa, liest Du gerne?"<br>„Alexa, magst Du Süßigkeiten?"<br>„Alexa, glaubst Du eigentlich an Gott?"<br>„Alexa, wo wohnt denn der Weihnachtsmann?"<br>„Alexa, es ist sehr schön, dass es Dich gibt"<br>„Alexa, was bist Du?"<br>„Alexa, bist Du verheiratet?"<br>„Alexa, bist Du ein Mann?"<br>„Alexa, bist Du eine Frau?"<br>„Alexa, bist Du gerade müde?"<br>„Alexa, bist Du genervt?"<br>„Alexa, wie alt bist Du?"<br>„Alexa, hast Du eigentlich Haustiere?"<br>„Alexa, hast Du Kinder?"<br>„Alexa, Deine Mutter ist ein Hamster"<br>„Alexa, sag mir jetzt die Wahrheit"<br>„Alexa, wo bist Du geboren?"<br>„Alexa, kannst Du eigentlich kochen?" |

## Fire TV

Mit dem Amazon Fire TV haben Sie - innerhalb von Sekunden - einen Zugriff auf Tausende TV-Serien und auch Filme und können sich Millionen von Songs anhören. Zudem versteht das kleine Kästchen auch Ihre Sprachbefehle und kann sogar als Spielkonsole verwendet werden. Theoretisch überzeugt Amazon Fire TV zu 100 Prozent - doch kann das Produkt auch in der Praxis bestehen? Fakt ist: Das Online-Versandhaus Amazon hat definitiv verstanden, wie man Kunden zu Konsumenten macht.

### Die Lieferung

Der Fire TV wird in einer Schachtel geliefert; in dem Karton finden sich das Gerät und auch eine kurze Anleitung, wie das Gerät in weiterer Folge an den Fernseher angeschlossen werden soll. Wer das Gerät erstmals einschaltet, wird mit Sicherheit schon einmal eine Überraschung erleben - einerseits springt der Fernseher auf den richtigen HDMI-Eingang, andererseits begrüßt er Sie mit Ihrem Namen und fragt, ob Sie es tatsächlich sind oder ob er sich mit dem Amazon-Konto verbinden soll. Sie müssen keinen Benutzernamen und auch kein Passwort eingeben - schon vor dem Versand wurde der Amazon Fire TV mit Ihren Nutzerdaten verknüpft. Sie müssen am Ende nur noch das WLAN-Netzwerk auswählen und das dementsprechende WLAN-Passwort eingeben - fertig. Vom Öffnen des Kartons bis zur Inbetriebnahme vergehen also keine fünf Minuten. Nun erscheint ein Video, das Ihnen zeigen soll, was sie mit dem Fire TV alles machen können.

### Der erste Eindruck

Nachdem der Fire TV konfiguriert wurde (siehe das Kapitel „Amazon Fire TV: Grundeinstellungen“), erhalten Sie eine Auflistung von zahlreichen Serien, Filmen, Spielen und auch Apps, die in weiterer Folge alle zur Verfügung stehen und genutzt werden können. Die Inhalte, die auf die Sie zugreifen können, sind in Kategorien unterteilt.

Befassen Sie sich zu Beginn mit den Apps - schlussendlich gehören Apps nicht zur Kernkompetenz einer gewöhnlichen TV-Box. Sie werden jedoch schnell feststellen, dass der Fire TV auch keine klassische TV-Box ist. Vorweg: Der Fire TV wird keine Schwierigkeiten mit den zur Verfügung stehenden Apps haben - versprochen.

Es gibt Apps von wichtigen Mediatheken und Online-Medien - Sie werden vielleicht überrascht sein, aber es kann durchaus Spaß machen, wenn man auf seinem Fernseher die Tagesnachrichten liest.

Wie bereits erwähnt, können Sie auch Spiele spielen. Zahlreiche Titel werden Sie, sofern Sie ein Android-Handy haben, bereits kennen. Haben Sie das Spiel schon für Ihr Smartphone einmal gekauft, so können Sie das Game kostenlos runterladen. Eine neuerliche Bezahlung ist also nicht notwendig.

Die Qualität überzeugt. Auch wenn Fire TV-Spiele - in grafischer Hinsicht - nicht mit einer Xbox One oder PS4 mithalten können, so sind sie dennoch eine interessante Abwechslung, wenn man einmal auf der Couch sitzt und eine Runde zocken möchte . Zudem sind fast alle Spiele kostenlos; nur ein Bruchteil ist kostenpflichtig.

Die Fernbedienung überzeugt ebenfalls zu 100 Prozent (siehe das Kapitel „Fernbedienungs-App herunterladen, installieren und pairen“). Einerseits muss sie nicht direkt in Richtung Box gehalten werden, damit die Befehle erkannt werden (siehe das Kapitel „Die Navigation auf dem Fire TV-Gerät“), andererseits kommt die Fernbedienung mit wenigen Tasten aus und ist zudem noch übersichtlich. Das ist - vor allem in der heutigen Zeit, wenn man an die Fernbedienungen der neuen Smart-TVs oder Blu-ray-Recorder denkt - ungewöhnlich, jedoch lobenswert. Die wichtigste Taste befindet sich übrigens auf der Oberseite der Fernbedienung - dabei handelt es sich um das Mikrofon, sodass auch Sprachbefehle erteilt werden können (siehe das Kapitel „Alexa und das Fire TV-Gerät“).

Ab sofort ersparen Sie sich das mühsame Eintippen eines Filmtitels, weil Sie Filme per Sprachbefehl suchen können. Die Trefferquote ist hervorragend - wer deutlich spricht, der schafft locker 100 Prozent. Auf diese Weise kann man auch nach Schauspielern oder Regisseuren suchen - auch hier werden sofort die jeweiligen Filme angezeigt.

Genau das ist auch das Herzstück des Amazon Fire TV-Geräts - die Serien und die Filme. Auch wenn es ein paar Lücken gibt, die vorwiegend andere Streaming-Dienste füllen können, so ist die Auswahl schon sehr gut. Zu beachten ist, dass ein Teil des Gratisangebots nur für Prime-Kunden zur Verfügung steht.

Haben Sie sich für einen Film oder eine Serie entschieden, so können Sie diese jederzeit starten. Nun kommt es auf die Durchsatzrate der Internetleitung an. Mittels 100 Mbit-Kabelanschluss erreicht man problemlos Full HD und Dolby Digital-Sound. Langsamere Internetverbindungen können jedoch zum Problem werden (siehe das Kapitel „Keine Verbindung zum WLAN-Netzwerk“). Wer sich für Amazon Fire TV entscheidet, sollte daher auch über einen schnellen Internetanschluss verfügen.

**Vor- und Nachteile im Überblick**

| Vorteile | Nachteile |
|---|---|
| Der Amazon Fire TV ist bereits vorkonfiguriert - diese Aufgabe wird direkt von Amazon übernommen | Im Lieferumfang befindet sich kein HDMI-Kabel |
| Die Spracherkennung ist sehr gut; die Trefferquote liegt, sofern deutlich gesprochen wird, bei nahezu 100 Prozent | Andere Streaming-Dienste können über den Fire TV nicht genutzt werden |
| Der Fire TV kann auch als Spielkonsole verwendet werden | |
| Das Serien- und Filmangebot ist umfangreich | |

**Fire TV Stick**

Der Fire TV Stick ist ein von Amazon entworfener HDMI-Stick, mit dem Multimedia-Daten, also Audiofiles, Videos oder auch Fotos, per Internetverbindung auf den Fernseher mittels HDMI-Schnittstelle gestreamt werden können. Den Fire TV Stick gibt es in den USA bereits seit November 2014; in Deutschland ist der Fire TV Stick erst seit 11. April 2015 erhältlich.

Technische Details

| |
|---|
| 1,2 GHz Doppelkernprozessor |
| 1 GB RAM |
| 8 GB Speicher |

Als Betriebssystem kommt, wie nicht anders zu erwarten, Fire OS zum Einsatz. Das Amazon-Betriebssystem basiert auf Googles Android.

Haben Sie sich für den Fire TV Stick entschieden, so müssen Sie diesen an den HDMI-Eingang Ihres Fernseher anschließen. Die Stromversorgung erfolgt direkt über den Micro USB-Anschluss; dieses wird mit dem USB-Netzteil, das im Lieferumfang enthalten ist, verbunden. Über WLAN (nutzen Sie die Kanäle 1 bis 11 und 36 bis 44) können Sie die Multimediainhalte wiedergeben. Die Bedienung erfolgt entweder über die Smartphone-App oder auch über die separat erhältliche Fernbedienung.

**Folgende Optionen stehen Ihnen zur Verfügung**

| Optionen | Möglichkeiten |
|---|---|
| Suche | Suchen Sie den wiederzugebenden Inhalt mittels Textkette |
| Startseite | Hier finden Sie die Amazon-Angebote - so etwa Apps, neue Filme oder auch die Wiedergabe kürzlich gesehener Vides |
| Prime Video, Serien und Filme | Das umfangreiche Spielfilmangebot von Amazon |
| Watchlist | Hier finden Sie alle vorgemerkten Filme und/oder Serien, die Sie sich in Zukunft ansehen wollen |
| Bibliothek, Apps und Spiele | Das Verzeichnis der erworbenen Spielfilme, Apps oder auch Computergames |
| Musik | Das Verzeichnis Ihrer Songs, die Sie über Amazon Music gekauft haben |
| Fotos | Das Verzeichnis jener Bilder, die Sie auf den Amazon-Server hochgeladen haben |
| Einstellungen | Töne und Bildschirm: Hier haben Sie einen Zugriff auf den Bildschirmschoner, die Bildschirm-Auflösung, können das „Display duplizieren“ oder auch diverse Audio-Einstellungen vornehmen<br><br>Kindersicherung<br><br>Bluetooth-Geräte und Gamecontroller<br><br>Anwendungen: Die Verwaltung der eigenen Apps<br><br>System: Hier können Sie das Netzwerk konfigurieren, die Zeitzone ändern und den Fire TV Stick wieder auf Werkseinstellung setzen |

**Amazon Fire TV einrichten**

Für die Einrichtung des Fire TV benötigen Sie folgende Elemente:

Kompatibler Fernseher
HDMI-Kabel
Internetverbindung
Amazon-Konto

Kompatibler Fernseher

Fire TV ist mit Ultra HD- und HD-Fernsehern kompatibel, sofern diese einen HDMI-Eingangsport haben.

HDMI-Kabel

Für die Modelle der ersten und der zweiten Generation müssen Sie ein HDMI-Kabel verwenden, damit Fire TV mit dem HD-Fernseher verbunden werden können; unterstützt werden HDMI A Male zu Male Kabel. Für die dritte Generation benötigen Sie kein separates HDMI-Kabel.

Internetverbindung

Verbinden Sie das Gerät mit Ihrem WLAN-Netzwerk, sodass die Einrichtung abgeschlossen werden kann.

Amazon Konto

Melden Sie nun das Gerät auf dem Amazon-Konto an, sodass Sie auf die neuesten Funktionen, auf die neueste Software und auch auf die gesamten Funktionalitäten zugreifen können.

1. Verbinden Sie zunächst das mitgelieferte Netzteil mit dem Anschluss auf der Rückseite des Fire TV-Geräts und der Steckdose.
2. Stecken Sie nun das HDMI-Kabel in den Anschluss Ihres Fernsehers und in das Fire TV-Gerät, so können Sie Fire TV mit Ihrem Fernseher verbinden (Hinweis: die dritte Generation verfügt bereits über ein integriertes HDMI-Kabel!).
3. Schalten Sie nun den Fernseher ein und gehen auf den HDMI-Port, in dem das HDMI-Kabel eingesteckt wurde.
4. Richten Sie nun die Fernbedienung ein; legen Sie dafür im Vorfeld die mitgelieferten Batterien ein.
5. Nun wird die Fernbedienung mit Fire TV gekoppelt; kommt es zu keiner automatische Koppelung, so halten Sie die Home-Taste gedrückt (mindestens 10 Sekunden).
6. Nun befolgen Sie die Anweisungen auf dem Bildschirm und verbinden Sie Fire TV mit Ihrem WLAN-Netzwerk.

7. Registrieren Sie in weiterer Folge Ihr Gerät bei Ihrem Amazon-Konto.
8. Die Einrichtung ist abgeschlossen - befolgen Sie nun die weiteren Schritte, die auf dem Bildschirm zu sehen sind.

**Amazon Fire TV-Stick einrichten**

1. Gehen Sie auf „Einstellungen“ und „Netzwerk“.
2. Wählen Sie nun das Netzwerk; findet sich nicht das entsprechende Netzwerk in der Liste, dann gehen Sie auf „Weiteres Netzwerk hinzufügen“ oder wählen „Erneut suchen“.
3. Geben Sie nun Ihr Netzwerk-Passwort ein.
4. In weiterer Folge erhalten Sie eine Bestätigungsnachricht.
5. Befolgen Sie die weiteren Anweisungen auf dem Bildschirm.

**Netzwerkverbindung einrichten**

Um das Gerät einrichten zu können, müssen Sie es mit dem Internet verbinden.

**Verbinden mit dem WLAN-Heimnetzwerk**

1. Gehen Sie unter „Einstellungen“ auf „Netzwerk“; das Gerät wird in weiterer Folge alle zur Verfügung stehenden Netzwerke anzeigen.
2. Wählen Sie das Netzwerk aus; findet sich in der Liste nicht Ihr gewünschtes Netzwerk, so gehen Sie auf „Erneut suchen“ oder „Weiteres Netzwerk hinzufügen“.
3. Geben Sie nun Ihr persönlichen Netzwerk-Passwort ein und befolgen Sie die weiteren Schritte auf dem Bildschirm

**Verbinden mit einem öffentlichen WLAN-Netzwerk**
Fire TV kann auch in ein öffentliches WLAN-Netzwerk integriert werden.

1. Gehen Sie unter „Einstellungen“ auf „Netzwerk“; das Gerät zeigt Ihnen alle zur Verfügung stehenden Netzwerke an.
2. Wählen Sie nun das öffentliche Netzwerk aus.
3. Folgen Sie den weiteren Anweisungen.

**Amazon Fire TV an- oder abmelden**
Aufgrund der Tatsache, dass Sie das Gerät mit Ihrem Amazon-Konto verbinden müssen, können Sie in weiterer Folge auch auf Inhalte zugreifen und diese zudem auch verwalten. Des Weiteren wird sichergestellt, dass sich auf Ihrem Gerät die neueste Software befindet, sodass Sie alle zur Verfügung stehenden Funktionen nutzen können. Im Zuge der Ersteinrichtung werden Ihnen diverse Bildschirmanweisungen angezeigt, sodass Sie eine Hilfe bekommen, wie das Gerät registriert werden kann.

1. Gehen Sie im Fire TV-Menü auf „Einstellungen“.

2. Wählen Sie nun die Kategorie „Mein Konto“.
3. Ist das Gerät nicht registriert, so gehen Sie auf „Registrierung“.
4. Ist das Gerät bereits registriert, so gibt es nur eine „Abmelden“-Option, sodass Sie sich mit Ihrem Gerät von Ihrem Amazon-Konto abmelden können.

**Amazon Fire TV-Menü: Grundlagen**

Am oberen Bildschirmrand können Sie das Fire TV-Menü navigieren und sich diverse Inhalte anzeigen lassen. Die Richtungstasten auf der Fernbedienung können Sie nutzen, um den jeweiligen Menüpunkt anzuwählen.

| Menüpunkt | Möglichkeiten |
|---|---|
| Startseite | Die Hauptstartseite erscheint; hier können Sie zuletzt genutzte Inhalte, Spiele und Apps oder auch empfohlene Inhalte verwalten oder anzeigen lassen. |
| Empfohlene Inhalte | In dieser Kategorie werden Ihnen neue Titel, Serien, Apps oder auch Spiele empfohlen. Dieser Bereich wird ständig aktualisiert, sodass Sie „Empfohlene Inhalte“ auch hin und wieder öffnen sollten.<br><br>Beachten Sie, dass dieser Bereich nicht entfernt werden kann<br><br>1. Wählen Sie im Fire TV-Menü „Einstellungen“.<br>2. Gehen Sie auf „Einstellungen“ und dann „Empfohlene Inhalte“.<br>3. Stellen Sie die „Automatische Videowiedergabe“ auf „Aus“, dann werden die Inhalte nur als Standardbilder angezeigt.<br>4. Stellen Sie die „Automatische Videowiedergabe“ auf „Ein“, so werden Videos ohne Ton wiedergegeben. |
| Gesponsert | Das Banner zeigt Ihnen diverse Angebote für verschiedene digitale Inhalte - das können aber auch Apps, Filme oder Serien sein. Auch physische Produkte, die über Amazon verkauft werden, können Ihnen angezeigt werden. |

| | |
|---|---|
| Meine Videos | Klicken Sie im Fire TV-Menü auf den Punkt „Meine Videos" - in weiterer Folge erscheint die Watchlist. Hier können Sie Ihre Inhalte auswählen und auch verwalten.<br><br>Im Bereich „Meine Video-Bibliothek" finden Sie Amazon Video-Bestellungen und können zudem auch auf die ausgeliehenen Inhalte zugreifen.<br><br>Suchen Sie nach Titeln, die im Zuge Ihrer Prime-Mitgliedschaft angeboten werden. |
| Filme und Serien | In den Bereichen „Filme" oder „Serien" können Sie, wie der Name bereits verrät, nach Filmen und auch nach Serien suchen, die über Amazon zur Verfügung gestellt werden. |
| Apps | Klicken Sie im Fire TV-Menü auf „Apps" und suchen Sie nach neuen Spielen oder Apps, die im Appstore von Amazon zu finden sind. |
| Einstellungen | Gehen Sie im Fire TV-Menü auf „Einstellungen" - hier finden Sie persönliche Einstellungen und auch die Geräteeinstellungen ihres Fire TV-Geräts. Verwalten Sie in diesem Bereich die Einstellungen für das Gerät, für das Netzwerk, für den Bildschirm, die Töne und auch für die Bluetooth-Geräte. Hier können Sie auch die Kindersicherung einstellen. |
| Suchen | Klicken Sie im Fire TV-Menü auf die Kategorie „Suchen" und geben Sie in weiterer Folge im Textfeld den Suchbegriff ein. |

**Amazon Fire TV: Grundeinstellungen**

Amazon Fire TV wurde derart gestaltet, dass zahlreiche Konfigurationseinstellungen automatisch von Seiten des Herstellers vorgenommen wurden. Über „Einstellungen" können Sie aber die Internetverbindung, Ihre Apps, die Fernbedienung oder auch die Systemeinstellungen verwalten. Auch wenn Amazon (beinahe alle) Einstellungen für Sie bereits vorgenommen hat, so bedeutet das nicht, dass

Sie an diesen Einstellungen auch festhalten müssen. Sehr wohl können Sie das Gerät derart konfigurieren, sodass es Ihren persönlichen Vorstellungen entspricht.

| Menüpunkt | Möglichkeiten |
| --- | --- |
| Benachrichtigungen | Im „Benachrichtigungszentrum“ können Sie sich die Benachrichtigungen zu den installierten Apps oder auch zu den Systemeinstellungen anzeigen lassen - inklusive der zur Verfügung stehenden Updates. Hier finden Sie auch eine Übersicht, welche Downloads bereits abgeschlossen wurden. |
| Netzwerk | Mit diesem Tool können Sie Ihren Netzwerkstatus überprüfen, sich Ihre Netzwerkeinstellungen anzeigen lassen oder auch verwalten; des Weiteren können Sie auch etwaige Probleme mit der Internetverbindung diagnostizieren lassen, die mitunter dann behoben werden können. |

| | |
|---|---|
| Töne und Bildschirm | Legen Sie hier Ihren individuellen Bildschirmschoner fest, konfigurieren Sie den Bildschirm, überprüfen Sie die Fernsehspezifikationen und verwalten Sie Ihre Audioeinstellungen.<br><br>Der Bildschirmschoner kann mit Ihren Fotos personalisiert werden, die in Amazon Drive gespeichert wurden.<br><br>Die Videoauflösung kann im Bereich Display angepasst werden; hier besteht auch die Möglichkeit, den Bildschirm zu kalibrieren.<br><br>Im Audio-Bereich können Sie alle Einstellungen vornehmen lassen, die in Verbindung mit der Audioausgabe stehen. |
| Display duplizieren aktivieren | Mit dieser Funktion können Sie das Display duplizieren, sodass der Bildschirm des mobilen Geräts auf dem Fernseher angezeigt wird. Diese Funktion steht für die dritte Amazon Fire-TV-Generation jedoch nicht mehr zur Verfügung. |
| Die Zweitbildschirm-Benachrichtigung | Diese Funktion ermöglicht, dass Sie Amazon Fire TV mit dem Fire Phone oder Fire Tablet verbinden können, sodass Sie Amazon Fotos oder Amazon Videos auf beiden Bildschirmen ansehen können. |

| | |
|---|---|
| HDMI CEC Gerätesteuerung | Mit dieser Funktion kann Amazon Fire TV den Fernseher oder auch den AV-Receiver über HDMI-Verbindung aufdrehen. |

**Amazon Fire TV: Anwendungen**

| Menüpunkt | Möglichkeiten |
|---|---|
| Die App-Nutzungsdaten sammeln | Die Option kann ein- oder ausgeschaltet werden, damit die Daten des Appstores über Dauer und Häufigkeit der Verwendung auf ihrem Fire TV der heruntergeladenen Apps dokumentiert. |
| Appstore | Verwalten Sie alle Einstellungen für den Appstore, einschließlich automatischer Updates, In-App-Käufe oder öffnen Sie Markt-Links von externen Anbietern. |
| Photos | Legen Sie hier die Einstellungen für die Prime-Photos fest. |
| GameCircle | In dieser Kategorie verwalten Sie die Freigabe für die GameCircle-Spitznamen, Whispersync für Games und Datenschutzeinstellungen. Des Weiteren können Sie Spielinformationen ausblenden, nachdem Sie bei den Einstellungen den „GameCircle Spitzname“ auf „Aus“ gestellt haben. |
| Verwaltung der installierten Apps | Hier können Sie installierte Apps verwalten, App-Daten löschen, verfügbare Einstellungen ändern oder auch die App vom Gerät deinstallieren. |

| | |
|---|---|
| Bluetooth-Geräte und Gamecontroller | Ob Fernbedienung, Bluetooth-Geräte oder Gamecontroller - wurden diese mit Amazon Fire TV verbunden, so können Sie auch in weiterer Folge genutzt und verwendet werden. Beachten Sie jedoch, dass die Geräte mit dem Amazon-Gerät kompatibel sein müssen (siehe die Kapitel „Gamecontroller und Fernbedienung koppeln" / „Bluetooth-Zubehör mit Fire TV verbinden" / „USB-Gerät mit Amazon Fire TV verbinden"). |
| Alexa | Selbstverständlich steht auch hier die digitale Sprachassistentin Alexa zur Verfügung (siehe das Kapitel „Alexa und das Fire TV-Gerät"). |
| Einstellungen | Verwalten Sie in diesem Bereich die Geräteeinstellungen - unter anderem die Kindersicherung, die Datenüberwachung, Ihren Standort und auch die gewünschte Sprache. |
| Gerät | In dieser Kategorie werden Systemeinstellungen und Geräteinformationen angezeigt, die in weiterer Folge auch verwaltet und verändert werden können. Im Bereich „Über" bekommen Sie einen Überblick über den zur Verfügung stehenden Speicherplatz, die aktuelle Netzwerkverbindung und können auch Überprüfung, ob neue System-Updates zur Verfügung stehen. Zudem können Sie das Gerät in den Ruhemodus versetzen, einen Neustart durchführen und auf die Werkseinstellungen zurücksetzen. |

**Barrierefreiheit**

Die zur Verfügung stehenden Barrierefreiheitsfunktionen, inklusive Untertitel, Bildschirmvergrößerer, kontrastreicher Text und VoiceView-Screener, können selbstverständlich jederzeit aktiviert werden.

**Untertitel**

Sie können auch Untertitel einschalten, sodass die Tonspur bei Serien und Filmen als Text angezeigt wird. Die Untertitel können im Menü verwaltet werden:

AN/AUS

Untertitel werden an- oder ausgeschalten.

Text

Hier können Sie Farbe, Größe, Schriftarzt, Opazität und auch den Kantenstil des Textes einstellen.

Text-Hintergrund

Legen Sie Textopazität und Textfarbe fest.

Fenster-Hintergrund

Hier können Sie die Fensterfarbe und die Fensteropazität bestimmen.

Amazon-Werbeeinstellungen für Amazon Video-Untertitel

Haben Sie diese Funktion aktiviert, so verwendet Fire TV die Untertiteleinstellungen aus den Einstellungen der anderen Amazon Echo-Geräten. Gehen Sie auf „Aus“, um das Gerät individuell zu konfigurieren.

**VoiceView**

Hier können Sie die Optionen für VoiceView des Amazon Fire TV-Geräts einstellen.

Lesegeschwindigkeit

In diesem Bereich kann die Sprachgeschwindigkeit bestimmt werden.

Sprachlautstärke

Legen Sie die Lautstärke der Stimme fest; die voreingestellte Lautstärke liegt bei 40 Prozent.

Tonlautstärke

Hier können Sie die Lautstärke der im Hintergrund zu hörenden Töne festlegen; die voreingestellte Lautstärke liegt bei 40 Prozent.

Tastenton

Bestimmten Sie, wie laut das Signal sein soll, wenn Sie die Tasten betätigen.

Interpunktionsstufe

Legen Sie fest, welche Satzzeichen in weiterer Folge laut vorgelesen werden sollen.

## Die TV-Kindersicherung

### Die Aktivierung der Kindersicherung

Aktivieren Sie die Kindersicherung auf Ihrem Amazon Fire TV-Gerät, sodass einerseits Amazon-Käufe blockiert und andererseits auch diverse Inhalte gesperrt werden. Der Vorteil ist, dass Fire TV eine recht umfangreiche und sehr sichere Kindersicherung anbietet, die Sie auf dem Gerät verwalten können. Dabei erfordert die Aufhebung der Kindersicherung die Eingabe eines Video-PIN-Codes, sodass Apps aufgerufen, Amazon-Einkäufe oder auch diverse Inhalte wiedergegeben werden können.

1. Gehen Sie im Fire TV-Menü auf „Einstellungen“ und klicken dann auf „Kindersicherung“ - drücken Sie danach die „Auswahl“-Taste und gehen auf „An“.
2. Geben Sie nun Ihren PIN ein - den Code müssen Sie ab sofort nun jedes Mal eingeben, wenn Sie in einen Bereich gelangen, der im Zuge der Kindersicherung gesperrt ist.

### Die Verwaltung der Kindersicherung

Nachdem der PIN festgelegt oder eingegeben wurde, können Sie die Kindersicherung auch verwalten.

PIN-geschützte Einkäufe

Geben Sie den PIN ein, um Amazon-Käufe zu autorisieren.

App-Starts
Um Apps zu öffnen, muss der PIN eingegeben werden - auch Prime Photos, Amazon Music können nur durch PIN-Eingabe geöffnet werden.
Wiedergabebeschränkungen

Blockieren Sie das Abspielen diverser Filme oder Serien.

PIN ändern

Sie können den PIN natürlich jederzeit ändern.

**Die Navigation auf dem Fire TV-Gerät**

Nutzen Sie Tastenkombination, sodass Sie noch schneller in die gewünschten Bereiche gelangen!

| Aktion | Befehl |
|---|---|
| Zur Startseite navigieren | Drücken Sie die „Home"-Taste |
| Zum vorherigen Bildschirm gehen | Drücken Sie die „Zurück"-Taste |
| Zum vorherigen Menüpunkt gehen | Drücken Sie die „Zurück"-Taste |
| Wählen Sie eine Option oder Inhalt aus | Nutzen Sie dafür die auf Ihrer Fernbedienung vorgesehenen Richtungstasten |
| Nach Inhalten suchen | Hat Ihre Fernbedienung eine „Sprach"-Taste, so können Sie diese drücken und in weiterer Folge den Sprachbefehl geben. Halten Sie dafür die „Sprach"-Taste gedrückt.<br><br>Haben Sie keine „Sprach"-Taste auf Ihrer Fernbedienung, können Sie die „Suche" im Menü auswählen. |
| Schnellzugriff-Menü aufmachen | Halten Sie die „Home"-Taste gedrückt, sodass das Schnellzugriff-Menü erscheint; hier können Sie Ruhemodus, Einstellungen oder auch die Display-Einstellungen verwalten. Sie können sich hier auch die aktuelle Uhrzeit anzeigen lassen. |
| Weitere Optionen aufrufen | Mit den Richtungstasten können Sie auch andere Inhalte oder Optionen aufrufen und diese am Bildschirm anzeigen lassen. |
| Neustart des Geräts | Halten Sie die „Auswahl"-Taste und die „Wiedergabe/Pause"-Taste gleichzeitig gedrückt - nach fünf Sekunden startet sich das Gerät neu |

Inhalte aufrufen und verwalten

| Aktion | Befehl |
|---|---|
| Amazon Video-Käufe und ausgeliehen Titel ansehen | Wählen Sie im Menü „Meine Videos" und suchen Sie in „Meine Video-Bibliothek" nach Ihren Einkäufen |
| Prime Video ansehen | Sie haben eine Prime-Mitgliedschaft? Suchen Sie in den Kategorien „Meine Videos", „Filme" oder „Serien" nach Prime-Inhalten, die Ihnen kostenlos zur Verfügung stehen. |
| Ihre Watchlist | Wählen Sie im Bereich „Meine Videos" die Kategorie „Watchlist". |
| Auf Spiele und Apps zugreifen | Gehen Sie im Menü auf „Meine Apps & Spiele"; hier finden Sie alle Ihre Apps und Spiele und können zudem auch neue Spiele oder Apps runterladen und installieren |
| Amazon Music | Öffnen Sie die App in der Kategorie „Meine Apps & Spiele" und hören Sie sich nun ihre Songs über Amazon Music an! |
| Fotos und Videos von Amazon Drive abrufen | Gehen Sie auf „Prime Photos" („Meine Apps & Spiele") und rufen Sie nun Ihre persönlichen Videos und Bilder auf, die sodann auf dem Fire TV zu sehen sein werden. |

Aufruf der Inhalte

| Inhalt | Ziel |
|---|---|
| Meine Video-Bibliothek | „Meine Videos"/"Meine Video-Bibliothek"<br><br>Hier finden Sie Ihre Amazon Video-Käufe und geliehen Videos. |

| | |
|---|---|
| Prime Video | Nur möglich, wenn Sie auch Prime-Mitglied sind!<br><br>„Meine Videos, Filme und Serien“/“Prime“<br><br>Hier erhalten Sie einen Überblick, welche Prime-Artikel gerade zur Verfügung stehen, auf die Sie kostenlos zugreifen können (Serien, Filme und dergleichen). |
| Watchlist | „Menü“/“Watchlist“<br><br>Fügen Sie neue Filme oder Serien zu Ihrer Watchlist oder löschen Sie diese, nachdem Sie die Videos schon gesehen haben. |
| Filme und Serie zum Kauf | „Filme“ oder „Serien“<br><br>Kaufen Sie Filme oder auch Serien, die Ihnen in weiterer Folge - unbegrenzt - zur Verfügung stehen. |
| Meine Apps | „Meine Apps & Spiele“<br><br>Hier finden Sie eine Übersicht über all Ihre Spiele und Apps, die Sie bereits runtergeladen und installiert haben. |
| Apps zum Herunterladen/Kaufen | „Apps“<br><br>In diesem Bereich erhalten Sie eine Übersicht, welche kostenpflichtigen Apps gerade zur Verfügung stehen und von Ihnen gekauft werden können. |
| Amazon Music | „Meine Apps & Spiele“/“Amazon Music“<br><br>Hören Sie sich die neuesten Songs oder auch Lieder aus Ihrer eigenen CD-Sammlung an. |

| | |
|---|---|
| Fotos und Videos in Amazon Drive | „Meine Apps & Spiele“/“Prime Fotos“<br><br>Sehen Sie sich Ihre privaten Schnappschüsse und Videos an, die auf Amazon Drive gespeichert wurden. |

**Verwaltung der Inhalte**

Ihre Apps

1. Gehen Sie im Menü auf „Einstellungen“, „Anwendungen“ und dann auf „Installierte Apps verwalten“.
2. In weiterer Folge greifen Sie auf die installierten Apps zu.
3. Ändern Sie hier die App-Einstellungen, löschen Sie Dateien aus Apps, die Sie nicht mehr benötigen oder deinstallieren Sie die komplette App.

Hinweis: Sie können auch Ihre Fernbedienung verwenden!

Watchlist

1. Wählen Sie im Menü „Ihre Videos“ und gehen Sie dann zur „Watchlist“.
2. Markieren Sie einen Film oder eine TV-Serie.
3. Drücken Sie die „Menü“-Taste auf der Fernbedienung.
4. Klicken Sie nun auf „Von Watchlist entfernen“.
5. Wenn Sie einen Film hinzufügen wollen, gehen Sie auf „Zur Watchlist hinzufügen“.

Meine Video-Bibliothek

Aktuell ist es nicht möglich, dass Sie Titel, die über Amazon gekauft wurden, über den Fire TV zu löschen. Die Verwaltung der Video-Bibliothek ist nur über die Video-Webseite auf Amazon möglich.

Zuletzt verwendete Inhalte

In der Kategorie „Aktuell“ finden Sie die zuletzt angesehenen Inhalte. Einzelne Inhalte können Sie jedoch auch löschen.

1. Markieren Sie den Inhalt.
2. Drücken Sie nun die „Menü“-Taste auf der Fernbedienung.
3. Wählen Sie nun „Aus Aktuell entfernen“.

## Ruhemodus

Stellt der Fire TV eine 20 Minuten andauernde Inaktivität fest, so versetzt sich das Gerät automatisch in den Ruhemodus. Geräte der ersten Generation wechseln erst nach 30 Minuten in den Ruhemodus. Das Gerät kann aber auch jederzeit manuell in den Ruhemodus versetzt werden. Für diesen Vorgang müssen Sie die „Home"-Taste gedrückt halten und danach auf „Ruhemodus" gehen.

## Fire TV auf einem zweiten Bildschirm verwenden

Verwenden Sie Fire TV, um drahtlos den Bildschirm des kompatiblen Tablets oder Smartphones auf Ihrem Fernsehgerät darzustellen.

Fast alle Bildschirme, die von Miracast zertifiziert sind, können Tablets oder auch Smartphones spiegeln. Dazu gehören folgende Geräte:

Fire HD/HDX-Tablets
Fire Phone
Geräte mit Android OS 4.2 oder höher

Achten Sie also darauf, dass es sich um ein Miracast-zertifiziertes Gerät handelt, bevor Sie die weiteren Schritte befolgen.

1. Drücken Sie die „Home"-Taste auf der Fernbedienung und gehen auf „Display duplizieren".
2. Verbinden Sie das Mobilgerät.
3. Drücken Sie eine beliebige Taste auf der Fernbedienung, damit die Spiegelung beendet wird.

## Anleitung für Fire HD/HDX-Tablets

1. Fahren Sie mit Ihrem Finger auf dem Display von oben nach unten und gehen Sie sodann auf „Einstellungen".
2. Tippen Sie auf „Bildschirm" oder „Bildschirm und Töne" und gehen danach auf „Display duplizieren".
3. Wählen Sie nun das Fire TV-Gerät aus; mitunter dauert es 20 Sekunden, bis der Bildschirm Ihres Tablets auf Ihrem Fernsehgerät zu sehen ist.
4. Um die Übertragung zu beenden, klicken Sie auf „Spiegelung beenden".

## Anleitung für Fire Phone

1. Öffnen Sie „Schnellaktionen".
2. Gehen Sie unter „Display Bildschirm via Miracast teilen".

3. Wählen Sie nun das Fire TV-Gerät aus; mitunter dauert es 20 Sekunden, bis der Bildschirm des Fire Phone auf dem Fernsehgerät zu sehen ist.
4. Um die Übertragung zu beenden, gehen Sie auf „Spiegeln beenden".

**Anleitung für Android-Geräte (Android OS 4.2 oder höher)**

1. Gehen Sie auf „Einstellungen", „Töne und Bildschirm" und dann auf „Display duplizieren aktivieren".
2. Verbinden Sie jetzt das Android-Gerät mit dem Fire TV.
3. Drücken Sie eine beliebige Taste auf Ihrer Fernbedienung, wenn die Spiegelung beendet werden soll.

**Datenüberwachung**

Fire TV unterstützt das Datenüberwachungs-Tool, das in weiterer Folge verwendet werden kann, wenn Sie dynamische Informationen über Ihren Verbrauch von Internetdaten abrufen wollen.

Das Tool präsentiert umfangreiche und detaillierte Informationen zur Internetnutzung durch Fire TV, sodass Sie den Datenverbrauch und auch die aktivsten Apps kontrollieren können.

**Aktivierung der Datenüberwachung**

1. Öffnen Sie im Fire TV-Menü die „Einstellungen".
2. Gehen Sie auf „Einstellungen" und dann auf „Datenüberwachtung".
3. Drücken Sie nun auf Ihrer Fernbedienung die „Auswahl"-Taste und wählen bei der Datenüberwachung „An" (Datenüberwachung ist aktiv) oder „Aus" (Datenüberwachung ist inaktiv).

**Einstellungen**

Ist die Datenüberwachung aktiviert, so besteht die Möglichkeit, folgende Optionen zu verwalten:

<u>Videoqualität einstellen</u>
Wählen Sie eine bevorzugte Videoqualität („Gut", „Besser", „Am besten") für Amazon Video-Streams. „Am besten" oder auch „Besser" eignen sich für eine sehr gute Bildqualität; beachten Sie, dass es jedoch zu einem höheren Datenverbrauch kommt.

<u>Datenwarnung aktivieren</u>
Überprüfen Sie das monatliche Datenvolumen. Legen Sie ein spezifisches Datenvolumen fest, sodass Sie eine Nachricht erhalten, wann die Datenmenge überschritten wurde.

<u>Monatlicher Top-Datenverbrauch</u>

Die Liste wird monatlich aktualisiert und zeigt Ihnen, welche Apps die meisten Daten verbrauchen.Alexa und das Fire TV-Gerät. Haben Sie eine Fernbedienung mit Sprach-Taste, so können Sie auch mit der digitalen Sprachassistentin Alexa kommunizieren!

### Die Verwendung und Verwaltung der Alexa-Sprachfernbedienung

Drücken Sie die „Sprach"-Taste auf Fernbedienung und erteilen Sie Alexa den Sprachbefehl. Fragen Sie nach Informationen, TV-Serien oder auch nach Filmen, lassen Sie Musik abspielen oder sich Wetter- oder Nachrichteninformationen übermitteln. Alexa wird in weiterer Folge über Fire TV antworten.

Mit der kostenlosen „Alexa"-App (siehe das Kapitel „Die „Alexa"-App") können Sie die unterschiedlichen Funktionen festlegen und auch verwalten.

### Die Kommunikation mit Alexa

Sprachsuche

| Sprachbefehl | Ausführung |
|---|---|
| „Alexa, suche nach [Filmtitel], [Schauspieler], [Genre]" | Alexa wird in weiterer Folge die Inhaltsbibliotheken durchforsten und Ihnen die entsprechenden Filme auflisten |
| „Alexa, suche nach [Genre] von [Darsteller]" | Alexa wird nach dem Genre und auch nach dem Schauspieler suchen |
| „Alexa, suche nach App [Name]" | Nun sucht Alexa nach der jeweiligen App |

Apps starten

| Sprachbefehl | Ausführung |
|---|---|
| „Alexa, starte die App [Name]"<br>„Alexa, öffne die App [Name]" | Alexa wird nun die jeweilige App starten oder öffnen |

Musik

| Sprachbefehl | Ausführung |
|---|---|
| „Alexa, spiele den [Klassiker]-Sender bei Prime Music“ | Alexa sucht die Musikbibliothek nach den gewünschten Liedern ab |
| „Alexa, spiele Musik von [Interpret]“ „Alexa, spiele meinen [Künstler]-Radiosender auf Amazon Music“ „Alexa, spiele meinen [Künstler]-Radiosender auf Prime Music“ | In weiterer Folge wird Alexa die Befehle ausführen und die jeweiligen Radiosender spielen |
| „Alexa, ich mag diesen Song“ „Alexa, ich mag diesen Song nicht“ | Alexa fügt den Titel, der Ihnen gefällt, in Ihre Bibliothek; der Song, der Ihnen nicht gefällt, wird nicht aufgenommen |

eBooks und Audible

| Sprachbefehl | Ausführung |
|---|---|
| „Alexa, spiele [Buchtitel] ab“ | Alexa startet das jeweilige Hörbuch auf Audible |
| „Alexa, spiele [Buchtitel] über Audible ab“ | Alexa beginnt das Kindle eBook aus der Bibliothek vorzulesen |
| „Alexa, lese [Buchtitel]“ | Das Hörbuch startet |

Tägliche Zusammenfassung

| Sprachbefehl | Ausführung |
|---|---|
| „Alexa, was ist meine tägliche Zusammenfassung?“ „Alexa, was passiert heute?“ „Alexa, was ist neu?“ | Nun hören Sie die neuesten Nachrichten Ihrer Sendeanstalten, die neuesten Schlagzeilen oder rufen Sie die lokalen Wettermeldungen ab |

Informationen zu Wetter und Verkehr

| Sprachbefehl | Ausführung |
|---|---|
| „Alexa, wie ist das Wetter?"<br>„Alexa, wird es am Wochenende regnen?"<br>„Alexa, scheint morgen die Sonne?"<br>„Alexa, wie sieht die Pendelzeit aus?"<br>„Alexa, wie sieht es derzeit mit dem Verkehr aus?" | Alexa gibt Ihnen die notwendigen Informationen über das Wetter und auch über die aktuelle Verkehrssituation |

Antworten, Witze und Fragen

| Sprachbefehl | Ausführung |
|---|---|
| „Alexa, wie spät ist es in [Stadt]"? | Sie erhalten eine Antwort auf die Frage nach der Uhrzeit |
| „Alexa, was ist die Definition von [Wort]"? | Sie erhalten die Begriffsdefinition des jeweiligen Wortes |
| „Alexa, erzähle mir einen Witz" | Alexa erzählt Ihnen nun einen Witz |

Listen

| Sprachbefehl | Ausführung |
|---|---|
| „Alexa, was steht auf der Einkaufsliste?"<br>„Alexa, setze [Lebensmittel/Aktion] auf die To-do-Liste/Einkaufsliste"<br>„Alexa, erinnere mich an [Aktion]" | So können Sie Ihre Einkaufslisten oder To-do-Liste auf den neuesten Stand halten |

Sportergebnisse

| Sprachbefehl | Ausführung |
|---|---|
| „Alexa, wie steht es beim Spiel [Mannschaft-Mannschaft]?"<br>„Alexa, hat [Verein] gewonnen?"<br>„Alexa, hat [Verein] verloren?"<br>„Alexa, wann ist das nächste Spiel von [Verein]?" | Alexa informiert Sie über die aktuellen Sportergebnisse Ihrer Mannschaft |

Lokale Suche

| Sprachbefehl | Ausführung |
| --- | --- |
| „Alexa, welche Restaurants befinden sich in der Nähe?“ „Alexa, welche Geschäfte befinden sich in der Nähe?“ „Alexa, die Öffnungszeiten von [Restaurant] in der Nähe?“ „Alexa, die Öffnungszeiten von [Geschäft] in der Nähe?“ | In weiterer Folge erhalten Sie die relevanten Informationen zu Ihrer gestellten Frage |

Smart Home-Kameras

| Sprachbefehl | Ausführung |
| --- | --- |
| „Alexa, zeige [Kameranamen]“ | Sie besitzen eine kompatible Smart Home-Kamera, so können Sie nun einen Live-Feed auf Fire TV angezeigt bekommen |
| „Alexa, verberge [Kameranamen]“ | Mit diesem Sprachbefehl wird der Live-Feed ausgeblendet |

Sonstige Befehle

| Sprachbefehl | Ausführung |
| --- | --- |
| „Alexa, was steht heute in meinem Kalender?“ | Nun erhalten Sie Informationen über die im Kalender eingetragenen Termine |
| „Alexa, öffne [Name]“ | Sie können Skills oder auch Smart Home-Geräte öffnen; mitunter können Sie auch eine Routine starten |

**Gamecontroller oder Fernbedienung koppeln**

Mit Amazon Fire TV können Sie auch Ihre Fernbedienung oder Ihren Gamecontroller koppeln, sofern es sich um kompatible Geräte handelt; auch kompatible Bluetooth-Controller, die Sie von Drittanbietern erworben haben, können mit dem Amazon Fire TV-Gerät verbunden werden.

Maximal können Sie sieben Fernbedienungen oder auch Controller mit Amazon Fire TV verbinden.

**Eine Ersatzfernbedienung oder weitere Fernbedienung mit Amazon Fire TV verbinden**

1. Gehen Sie unter „Einstellungen“ im Fire TV-Menü.
2. Öffnen Sie nun „Gamecontroller und Bluetooth Geräte“.
3. Gehen Sie auf „Amazon Fire TV-Fernbedienung“ und danach auf den Punkt „Neue Fernbedienung hinzufügen“.
4. Halten Sie jetzt die „Home“-Taste für mindestens 10 Sekunden gedrückt.

Amazon Fire TV wird nun nach dem Signal der zu verbindenden Fernbedienung suchen. Wurde die neue Fernbedienung erkannt, so finden Sie diese auf der Liste am Bildschirm.

**Einen Controller mit Amazon Fire TV verbinden**

1. Gehen Sie unter „Einstellungen“ im Fire TV-Menü.
2. Öffnen Sie nun „Gamecontroller und Bluetooth Geräte“.
3. Gehen Sie jetzt auf „Gamecontroller“ und in weiterer Folge auf „Neuen Gamecontroller hinzufügen“.
4. Halten Sie auf dem Gamecontroller die „Home“-Taste gedrückt.

Amazon Fire TV wird nun nach dem Signal des zu verbindenden Controllers suchen. Wurde der neue Controller erkannt, so finden Sie diesen auf der Liste am Bildschirm.

Zu beachten ist, dass Amazon Fire TV (1. Generation) maximal zwei XBox-Controller unterstützt. Aktuell können die XBox-Controller jedoch nicht mit der 2. oder 3. Generation verbunden werden!

**Fernbedienungs-App herunterladen, installieren und pairen**

Laden und installieren Sie die Fernbedienungs-App auf das kompatible Mobilgerät Ihrer Wahl, sodass Ihr Tablet oder Ihr Smartphone zur Fernbedienung wird, mit der Sie dann das Fire TV-Gerät bedienen können. So erschaffen Sie eine alternative Fernbedienung, die jederzeit genutzt werden kann.

<u>Kompatibilität</u>
Fire Tablets (mit Mikrofon)
Android-Geräte (Android OS 4.0 oder höher)
iOS-Geräte (iOS 7.0 oder höher)
Fire Phone

**Der Download und die Installation**

Gehen Sie mit dem Gerät in den Appstore und suchen Sie die „Amazon Fire TV Fernbedienungs-App“ und laden Sie diese in weiterer Folge auf das Gerät. Danach folgt die Installation der App.

Die App kann aus folgenden Stores runtergeladen werden:

Google Play Store
Apple Store
Amazon Appstore

**Fernbedienung mit Gerät pairen**

1. Verbinden Sie das Mobilgerät mit dem WLAN-Netzwerk; das beste Ergebnis wird dann erzielt, wenn Sie dasselbe Netzwerk nutzen, in dem auch Fire TV registriert wurde.
2. Starten Sie nun die Fernbedienungs-App und gehen Sie auf das Fire TV-Gerät. Sie können das Gerät nicht finden? Erscheint „Melden Sie sich bei Ihrem Amazon-Konto an“, so kann das mitunter ein Hinweis sein, dass das Gerät noch nicht registriert wurde; melden Sie sich daher an. In weiterer Folge sollten Sie das Fire TV-Gerät finden.
3. Geben Sie nun den Code ein, der Ihnen am Bildschirm des Fernsehers angezeigt wird; in weiterer Folge kommt es zur Verbindung zwischen der Fernbedienung und dem Fire TV.

**Kompatible Fernbedienungen**

Folgende Fernbedienungen oder Gamecontroller sind mit dem Fire TV-Geräte kompatibel und können daher problemlos verwendet werden:

Alexa-Sprachfernbedienung
Amazon Fire TV-Sprachfernbedienung
Fire TV Fernbedienungs-App
Amazon Fire TV-Gamecontroller
Bluetooth-Tastaturen
USB-Tastaturen
Zahlreiche Bluetooth-Gamecontroller von Drittanbietern
Zahlreiche Bluetooth-Fernbedienungen von Drittanbietern
Verschiedene drahtlose USB-Empfänger und drahtlose USB-Fernbedienungen von Drittanbietern

**Bluetooth-Zubehör mit Fire TV verbinden**

Diverses Bluetooth-Zubehör, so etwa eine Maus, Tastatur oder auch Kopfhörer, kann mit dem Fire TV verbunden werden. Bevor Sie den Verbindungsvorgang starten, sollten Sie sich überzeugen, dass es sich um ein kompatibles Bluetooth-Gerät handelt. Berücksichtigen Sie des Weiteren, dass sich das Bluetooth-Gerät in der Nähe - also nicht weiter als 1,5 Meter - von dem Fire TV entfernt stehen darf.

1. Gehen Sie auf „Einstellungen“, „Gamecontroller und Bluetooth-Geräte“, „Andere Bluetooth-Geräte“.
2. Wählen Sie nun „Bluetooth-Gerät hinzufügen“.
3. Nun müssen Sie das Bluetooth-Gerät in den Pairing-Modus versetzen.

4. Wählen Sie nun in der Liste der Geräte das Bluetooth-Zubehör aus.

Wollen Sie das Bluetooth-Zubehör wieder trennen, so gehen Sie auf „Einstellungen“, „Gamecontroller und Bluetooth-Geräte“, „Andere Bluetooth-Geräte“ und klicken dann auf „Trennen“.

**USB-Gerät mit Amazon Fire TV verbinden**

Beachten Sie, dass Sie auch verschiedene USB-Geräte über den USB-Anschluss mit dem Amazon Fire TV-Gerät verbinden können.

Kompatible Geräte für Amazon Fire TV (1. Generation/2. Generation):

Xbox 360 drahtloser Gaming-Receiver (ausschließlich für die 1. Generation)
Kabelgebundene Gamepads (jene, die nicht mit USB-Ladegerät verbunden sind)

Flirc USB-Dongles (verbindet zum Teil IR-Fernbedienungen von Drittanbietern)
Drahtlose Maus mit USB-Dongle
Drahtlose Tastatur mit USB-Dongle

Zu beachten ist, dass die 3. Amazon Fire TV-Generation sich mit Amazon Ethernetadaptern für Amazon Fire TV Stick mit Sprachfernbedienung und auch mit Amazon Fire TV (ausschließlich 2017er Modelle) verbinden kann, jedoch nicht mit dem dazugehörigen Zubehör.

1. Stecken Sie zu Beginn das USB-Gerät in den dafür vorgesehenen USB-Anschluss auf der Geräterückseite des Fire TV Geräts.
2. Befolgen Sie nun die weiteren Nutzungsanweisungen für das USB-Gerät, sodass Sie es in weiterer Folge mit dem Fire TV Gerät verbinden können.

**Tastatur und/oder Maus verwenden**

Das Bluetooth-Zubehör muss das unterstützte Profil haben, sodass Sie es in weiterer Folge mit Amazon Fire TV koppeln können.

Die Tastatur-Steuerung

| Taste | Aktion |
|---|---|
| Pfeil nach oben | Menü-Navigation |
| Pfeil nach unten | Menü-Navigation |

| | |
|---|---|
| Pfeil nach links | Menü-Navigation<br>Medienwiedergabe (kurzes Drücken: 10 Sekunden zurück, langes Drücken um schneller zurückzuspulen) |
| Pfeil nach rechts | Menü-Navigation<br>Medienwiedergabe (kurzes Drücken: 10 Sekunden vor, langes Drücken um schneller vorzuspulen) |
| Leertaste | Medienwiedergabe (Abspielen/ Pause) |
| Eingabetaste | Auswahl |
| Tastatur-Zeichen | Texteingabe oder Suche; wird nicht von allen Apps gleichermaßen unterstützt |

Die Maus-Steuerung

| Taste | Aktion |
|---|---|
| Linke Taste | Einzelnes Tippen |
| Mausbewegung | Zeiger wird innerhalb der App bewegt |

**Amazon Fire TV: Schwierigkeiten und Probleme - Hilfestellungen**

**Neustart**

Zahlreiche Probleme können durch einen Geräteneustart behoben werden. Trennen Sie vorerst das Stromkabel, das sich auf der Geräterückseite des Amazon Fire TV befindet, vom Strom; danach schließen Sie das Stromkabel wieder an. Sie können auch die „Auswahl“- und die „Wiedergabe/Pause“-Tasten gleichzeitig gedrückt halten - nach fünf Sekunden kommen Sie in das Menü. Gehen Sie danach auf „Einstellungen“, „Gerät“ und wählen Sie „Neu starten“.

**Amazon Fire TV ist eingefroren, der Bildschirm ist leer oder das Gerät kann nicht eingeschaltet werden?**

Das Gerät ist eingefroren oder kann nicht ausgeschaltet werden, fährt nicht mehr hoch oder lässt sich nicht einschalten oder zeigt am Ende nur einen leeren Bildschirm an? (Siehe Kapitel: „Amazon Fire TV: Schwierigkeiten und

Probleme - Hilfestellungen“ / „Amazon Fire TV ist eingefroren, der Bildschirm ist leer oder das Gerät kann nicht eingeschaltet werden?“)

**Sie können keine Inhalte kaufen?**

Sie haben Probleme mit den Inhalten von Amazon, so können Sie folgende Lösungsansätze versuchen:

Vergewissern Sie sich zunächst, dass Ihr Gerät mit dem Internet verbunden ist; um Käufe zu tätigen, müssen Sie online sein bzw. über eine aufrechte Internetverbindung verfügen.

Überzeugen Sie sich zudem, dass die 1-Click-Zalungsmethode ordnungsgemäß eingerichtet wurde.

**Probleme mit einer App?**

Sie haben Schwierigkeiten beim Herunterladen, bei der nachfolgenden Installation oder mitunter der Nutzung der App eines Drittanbieters? Mitunter helfen folgende Lösungsansätze:

1. Gehen Sie in die „Einstellungen“, dann auf „Anwendungen“ und auf „Installierte Apps verwalten“.
2. Wählen Sie dann jene App aus, die Ihnen Probleme bereitet.
3. Löschen der Cache und/oder auch der Daten; in weiterer Folge können etwaige Leistungsprobleme der Vergangenheit angehören.
4. Ändern Sie die zur Verfügung stehenden App-Einstellungen.
5. Erzwingen Sie den Stopp der App.
6. Deinstallieren Sie die App.

Schritte 3 bis 6 sollten nach der Reihe, sofern der vorherige Schritt nicht zum gewünschten Erfolg führt, absolviert werden.

**Probleme mit dem Bildschirm?**

Mitunter müssen Sie erst die Videoauflösung oder auch die Einstellungen für den Bildschirm für Fire TV anpassen. Wählen Sie im Menü „Einstellungen“, „Töne und Bildschirm“ und dann „Bildschirm“. Nun können Sie den gewünschten Video-Modus auswählen, der vom Fernsehgerät abhängig ist, sodass der Bildschirm kalibriert werden kann.

**Audioprobleme?**

Haben Sie Schwierigkeiten mit dem Ton oder sehen ein Video, hören jedoch keinen Ton, sollten Sie folgende Schritte ausprobieren:

1. Vergewissern Sie sich zunächst, dass der Fernseher nicht stummgeschaltet ist.
2. Ist Amazon Fire TV mit einem AV-Receiver verbunden, so sollten Sie zuerst den AV-Receiver aufdrehen.
3. Gehen Sie in das Menü unter „Einstellungen“, „Töne und Bildschirm“, „Audio“ und überprüfen Sie, ob bei Dolby Digital Plus „Aus“ steht.
4. Wurde Fire TV mit einem HDMI-Kabel an den Fernseher angeschlossen, so trennen Sie vorweg das Kabel und verbinden Sie das Gerät erneut; mitunter können Sie auch ein anderes HDMI-Kabel ausprobieren um sicher zu sein, dass es nicht am Verbindungskabel liegt.

**Sie wissen Ihren PIN nicht mehr?**

Sie haben Schwierigkeiten mit dem PIN für die Kindersicherung? Setzen Sie den PIN über die Amazon-Webseite zurück.

**Der externe Speicher ist nicht erreichbar?**

Sie haben Schwierigkeiten bei der Verwendung des externen Speichers, so sollten Sie zu Beginn überprüfen, ob der externe Speicher überhaupt mit Amazon Fire TV kompatibel ist.

Amazon Fire TV (1. Generation)

Kompatibles USB-Flashlaufwerk kann problemlos als externer Speicher verwendet werden.

Amazon Fire TV (2. Generation)

Eine kompatible microSD-Karte kann problemlos als externer Speicher verwendet werden.

Amazon Fire TV (3. Generation)

Es wird kein externer Speicher unterstützt!

Ist das Speichergerät kompatibel, so entfernen Sie es zunächst und schließen es dann wieder an.

1. Gehen Sie auf „Einstellungen“ und dann auf „Gerät“, sodass Amazon Fire TV das Speichermedium anzeigt.
2. Gehen Sie sodann auf „Entfernen“.
3. Warten Sie, bis die Meldung erscheint, dass das Speichergerät nun sicher entfernt werden kann.
4. Schließen Sie das Speichergerät neuerlich an.

## Fire TV Fernbedienungs-App: Probleme bei der Verbindung

Sie können die Fernbedienungs-App nicht verbinden, so berücksichtigen Sie folgende Maßnahmen:

### Überprüfen Sie zuerst die Installation der App

Stellen Sie zu Beginn sicher, dass die App ordnungsgemäß runtergeladen und auch zu 100 Prozent installiert wurde. Zudem müssen Sie darauf achten, dass die App auch mit dem Gerät kompatibel ist.

Kompatible Geräte:

Fire Tablets (mit Mikrofon)
Fire Phone
iOS-Geräte (mit iOS 7.0 oder höher)
Android-Geräte (mit Android OS 4.0 oder höher)

### Überprüfen Sie die WLAN-Verbindung und auch die WLAN-Einstellungen

Stellen Sie zu Beginn sicher, dass das Gerät, auf dem die App runtergeladen wurde, sich im lokalen WLAN-Netzwerk befindet. Befindet sich das Gerät im selben Netzwerk wie das Amazon Fire TV-Gerät, so erzielen Sie das bestmögliche Ergebnis.

Nutzen Sie für Router oder Modem erweiterte Einstellungen, kann es sein, dass Sie Fire TV eine statische IP-Adresse zuteilen müssen.

### Weitere Tipps und Tricks

Sie haben den Bildschirm eines anderen Geräts auf dem Fire TV dupliziert, so kommt es ebenfalls zu keiner Verbindung zwischen dem Gerät und der App. Beenden Sie daher Display duplizieren!

Trennen Sie Fernbedienungen und jedes Zubehör, das Sie aktuell nicht verwenden; gehen Sie dafür in „Einstellungen“ und sodann in „Gamecontroller und Bluetooth-Geräte“.

Mitunter hilft es auch, wenn die Daten der Fernbedienungs-App zur Gänze gelöscht werden.

1. Öffnen Sie „Einstellungen“ im Menü auf dem Gerät.
2. Tippen Sie nun „Apps“ oder auch den „Anwendungsmanager“ an.
3. Wählen Sie die App aus der Liste aus.
4. Klicken Sie auf „Daten löschen“ und dann auf „OK“.
5. Öffnen Sie die App neuerlich.

## Keine Verbindung zum WLAN-Netzwerk

Haben Sie Probleme mit dem WLAN-Netzwerk, dann helfen womöglich folgende Lösungsvorschläge:

Überprüfung der Netzwerkinformationen

Sie bekommen eine Fehlermeldung im Zuge der WLAN-Passwort-Eingabe oder haben überhaupt Probleme, das Passwort einzugeben, sollten Sie folgende Punkte berücksichtigen:

1. Das WLAN-Passwort ist nicht mit dem Passwort Ihres Amazon-Kontos ident!
2. Achten Sie auf die Groß- und Kleinschreibung!
3. Mitunter gibt es ein Problem, weil Sie Zahlen oder Sonderzeichen falsch eingegeben haben (Shift-Taste!)

Stellen Sie des Weiteren sicher, dass Modem, Router und Netzwerkspezifikationen folgende Anforderungen erfüllen:

Spezifikationen des Netzwerkes:

Offene, WPA-PSK-, WEP und WPA2-PSK-verschlüsselte Netzwerke
Versteckte Netzwerke

Spezifikationen des Routers und des Modems

B, G und N Router auf 2,4 GHz
A und N Router auf 5 GHz

## Überprüfung der Internetverbindung

Mitunter besteht ein Problem mit dem Internetdienst. Rufen Sie dafür das Netzwerkstatus-Tool auf und stellen Sie fest, ob es ein Problem mit der Internetverbindung gibt. Es folgen die Diagnose und gegebenenfalls ein Hinweis, wie das Problem behoben werden kann. Gehen Sie in „Einstellungen", dann auf „Netzwerk" und drücken Sie nun die „Wiedergabe-/Pause"-Taste auf der Fernbedienung. In weiterer Folge überprüft das Tool, ob das Gerät einerseits mit dem Netzwerk verbunden ist und ob andererseits ein Problem mit der Internetverbindung vorliegt. Die Probleme werden in weiterer Folge auf dem Bildschirm angezeigt. Beachten Sie danach die möglichen Lösungsvorschläge. Lassen sich die Probleme, trotz zahlreicher Lösungsvorschläge aber nicht behoben, sollten Sie den Internet-Dienstanbieter kontaktieren.

**Überprüfung der Gerätekonfiguration**

Halten Sie das Fire TV-Gerät, den Router oder das Modem von Objekten fern, die mitunter einen Einfluss auf das WLAN-Signal haben, sodass dieses nicht unabsichtlich blockiert wird. Probleme können etwa durch Home Entertainment-Systeme oder auch geschlossene Schränke auftreten; um derartige Störungen zu minimieren, sollten Sie das Fire TV-Gerät von elektronischen Geräten fernhalten.

**Neustart von Fire TV und Netzwerkverbindung**

Starten Sie das Gerät, Router und auch Modem neu.

1. Ziehen Sie das Netzteil ab und warten Sie drei Sekunden, bis Sie das Netzteil wieder an den Strom hängen.
2. Starten Sie das Gerät mit der Fernbedienung neu - halten Sie dafür die „Auswahl"-Taste und die „Wiedergabe-/Pause"-Taste gedrückt und gehen Sie dann unter „Einstellungen" auf „Gerät" und auf „Neu starten".
3. Trennen Sie das Netzteil vom Router oder vom Modem und warten Sie in weiterer Folge 30 Sekunden.
4. Schließen Sie Modem und Router wieder an. Verwenden Sie Router und Modem, so schließen Sie zuerst das Modem und erst dann wieder den Router an die Stromversorgung an.
5. Warten Sie, bis Modem und Router vollständig neu gestartet und wieder betriebsbereit sind, bevor Sie neuerlich das Fire TV-Gerät mit dem Internet verbinden wollen.

**Weitere Lösungsansätze**

Keine Verbindung - das Gerät ist nicht mit dem Internet verbunden

Stellen Sie die Verbindung über das WLAN-Netzwerk oder dem kabelgebundenen Ethernet her. Melden Sie sich zudem beim Netzwerk an und beachten Sie die Groß- und Kleinschreibung, wenn Sie Ihr WLAN-Passwort eingeben. Wird der Netzwerkname nicht angezeigt, so platzieren Sie Amazon Fire TV näher an den Router. Besitzen Sie andere Geräte, so achten Sie darauf, ob diese mit dem WLAN-Netzwerk verbunden werden können (Tablet, Smartphone und dergleichen).

Schlechtes oder niedriges WLAN-Signal (Fire TV-Stick)

Stellen Sie zu Beginn sicher, dass der Fire TV Stick mit dem Netzteil verbunden ist. Verwenden Sie nur den mitgelieferten HDMI Extender oder den mitgelieferten Adapter. Bringen Sie den Router näher an den Fire TV Stick an.

Schlechtes oder niedriges WLAN-Signal (Fire TV)

Verbinden Sie Amazon Fire TV über das Ethernet-Kabel mit dem Modem oder dem Router; versuchen Sie auch, Fire TV noch näher an den Router oder an das Modem zu platzieren. Minimieren Sie zudem auch Störungen; achten Sie also darauf, dass sich das Fire TV-Gerät nicht in der unmittelbaren Nähe von anderen elektrischen Geräten befindet.

**Amazon Fire TV ist eingefroren, zeigt einen leeren Bildschirm oder lässt sich nicht einschalten**

Folgende Schritte können bei diesen komplexen Fehlern eine Hilfe darstellen:

**Amazon Fire TV reagiert schon seit einigen Minuten nicht**

Sehen Sie die Anzeige wie normal, können jedoch die Steuerung nicht nutzen, so sollten Sie zuerst überprüfen, ob die Fernbedienung einwandfrei funktioniert.

Entnehmen Sie zu Beginn die Batterien aus der Fernbedienung oder des Gamecontrollers und legen Sie diese neuerlich ein; mitunter sind die Batterien leer, sodass es ratsam ist, wenn Sie Ersatzbatterien ausprobieren um feststellen zu können, ob es an den entladenen Batterien gelegen ist.

Wurden neue Batterien eingelegt, so verbindet sich die Fernbedienung automatisch mit Fire TV.

Mitunter kann auch ein Neustart des Geräts helfen:

Trennen Sie vorerst das Stromkabel, das sich auf der Geräterückseite des Amazon Fire TV befindet, vom Strom; danach schließen Sie das Stromkabel wieder an. Sie können auch die „Auswahl"- und die „Wiedergabe/Pause"-Tasten gleichzeitig gedrückt halten - nach fünf Sekunden kommen Sie in das Menü. Gehen Sie danach auf „Einstellungen", „Gerät" und wählen Sie „Neu starten".

Stellen Sie des Weiteren sicher, dass Sie das im Lieferumfang enthaltene Netzteil verwenden.

Verwenden Sie einen HDMI-Hub, so trennen Sie das Fire TV-Gerät vom Hub; verbinden Sie das Gerät danach direkt mit dem Fernsehgerät.

**Leerer Bildschirm**

Der Bildschirm ist leer oder zeigt nur ein schwarzes Bild an, so sollten Sie folgende Lösungsansätze versuchen:

1. Vergewissern Sie sich zu Beginn, dass der Fernseher auch eingeschaltet ist und Sie sich auch auf dem richtigen HDMI-Eingangskanal befinden.
2. Wurde Amazon Fire TV mittels HDMI-Kabel an den Fernseher angeschlossen, so können sie das Kabel trennen und neuerlich einstecken; überprüfen Sie das Kabel und verwenden Sie mitunter ein anderes HDMI-Kabel, sodass Sie die Gewissheit haben, dass es nicht am Kabel liegen kann.
3. Ziehen Sie alle anderen Geräte ab, die ebenfalls mittels HDMI-Ports an den Fernseher verbunden wurden.
4. Versuchen Sie des Weiteren den Fernseher auf eine andere Auflösung einzustellen (so etwa auf 720p oder 1080p).
5. Ist Amazon Fire TV mit einem AV-Receiver verbunden, schalten Sie diesen ebenfalls für einige Minuten aus und starten ihn dann erneut.

**Fernbedienung oder Gamecontroller können nicht mit Fire TV verbunden werden**

Sie können die Fernbedienung oder den Gamecontroller nicht mit dem Fire TV-Gerät verbinden? Möglicherweise helfen folgende Lösungsansätze:

**Schwierigkeiten im Zuge der Einrichtung und Konfiguration der Fernbedienung**

Sie haben Probleme beim Einführen von Batterien in Ihre Fernbedienung, so achten Sie vorwiegend auf die Position der Batterien und des Batteriefaches. Mitunter liegt es einfach nur an der „falschen“ Richtung.

**Überprüfung der Kompatibilität**

Alle Fire Gamecontroller und Fire TV-Fernbedienungen sind natürlich kompatibel mit dem Gerät, wobei es natürlich auch Bluetooth-fähige Geräte von Drittanbietern gibt. Achten Sie darauf, dass Ihr Gerät also kompatibel mit Amazon Fire TV ist.

Schalten Sie nicht verwendete Geräte oder Fernbedienungen ab

Haben Sie mehr als sieben Fernbedienungen verbunden oder bereits mehr als ein Bluetooth-Gerät in Betrieb, schalten Sie zu Beginn alle Geräte und Fernbedienungen aus, die Sie zur Zeit - also im Zuge der Verbindung der neuen Fernbedienung - nicht benötigen.

**Überprüfen Sie die Reichweite der Fernbedienung und die Geräteeinstellungen**

Die Fernbedienung darf nicht mehr als 3 Meter vom Fire TV entfernt sein. Stellen Sie das Amazon Fire TV-Gerät auch nicht in ein Regal, da hier die Signalstärke negativ beeinflusst werden kann.

Mitunter kann es auch helfen, wenn Sie den Controller oder die Fernbedienung neuerlich verbinden oder Fire TV neu starten.

**Schwierigkeiten beim Abspielen von Videodateien**

Sie haben Probleme, wenn Sie Serien oder Filme von Amazon Video oder sonstigen Streaming-Diensten sehen wollen? Mitunter helfen folgende Lösungsansätze:

**Überprüfen Sie den Netzwerkstatus**

Zahlreiche Schwierigkeiten, die im Zusammenhang mit Videoqualität oder Streamingqualität stehen, werden durch Probleme mit der Internetverbindung verursacht. Beachten Sie, dass Amazon Fire TV ein Netzwerkstatus-Werkzeug besitzt, sodass Sie mitunter relativ schnell erkennen können, warum es überhaupt zu Problemen kommt.

Öffnen Sie das Tool unter „Einstellungen“ und „Netzwerk“ und drücken Sie danach die „Wiedergabe-/Pause“-Taste auf der Fernbedienung.

**Überprüfen Sie Ihre Einstellungen**

Haben Sie Probleme mit der Ton- oder Bildqualität oder mit dem Bildschirm, so gehen Sie in „Einstellungen“, „Töne und Bildschirm“ und passen Sie danach die Video- und Toneinstellungen an Ihre Bedürfnisse an.

**Löschen Sie die Daten der Amazon Video-App**

Mitunter hilft es auch, wenn Sie die App-Daten der Amazon Video-App löschen.

1. Gehen Sie in „Einstellungen“ und dann auf „Anwendungen“, „Installierte Apps verwalten“ und „Amazon Video“.
2. Gehen Sie nun auf „Stoppen erzwingen“.
3. Klicken Sie auf „Daten löschen“.
4. Wenn Sie aufgefordert werden, zu bestätigen, die Daten löschen zu wollen, bestätigen Sie die Aufforderung.

**Löschen Sie die Daten der Video-Apps**

Mitunter können Sie auch die App-Daten der Video-Apps löschen - auch so können mitunter Schwierigkeiten behoben werden, die in Verbindung mit Wiedergabeproblemen bemerkt werden.

1. Gehen Sie in „Einstellungen“.
2. Wählen Sie nun „Anwendungen“ und dann „Installierte Apps verwalten“.
3. Wählen Sie die App, die Ihnen Schwierigkeiten bereitet.
4. Gehen Sie nun auf „Stoppen erzwingen“ und dann auf „Daten löschen“.
5. Starten Sie Amazon Fire TV erneut.

**Impressum**

**Verleger und Rechteinhalber:**

Matthias Pajek
Stockhammergasse 4/B1
2620 Neunkirchen
Österreich / Austria

Gedruckt/Vertrieben und Verkauft via
Amazon.com, Inc. oder einer Tochtergesellschaft

HON-:C:R:E:A:M:2017:MHAP

31331006R00081

Printed in Poland
by Amazon Fulfillment
Poland Sp. z o.o., Wrocław